Alois Weidacher

Menschlicher Kompass, -

religiöse Erziehung -

gelebter Glaube

Herstellung und Verlag:
BoD - Books on Demand, Norderstedt
ISBN 978-3-7357-8557-2

Menschlicher Kompass, religiöse Erziehung, gelebter Glaube

Inhalt		Seite
1	Verlorener Himmel und was dann? Zur Suche nach Bausteinen einer tragfähigen spirituellen Identität (2013/14	05-22
2	Traditionell religiös oder ohne Glauben? (2012/13)	23-60
3	Von religiöser Erziehung zu persönlicher spiritueller Lebenssicht. Blick zurück und auf die Zukunft (2011/12)	61-93

Verlorener Himmel und was dann? Zur Suche nach Bausteinen einer tragfähigen spirituellen Identität

Wo finden Menschen, die sich aus den Religionsgemeinschaften zurückziehen, Anregungen für eine neue spirituell/ religiöse Lebenssicht. [1]

Gelehrter Glaube – verlorener Himmel

Noch in den 1950iger Jahren lernten kath. Kinder den frommen Vorsatz: „in den Himmel muss ich kommen, fest hab' ich's mir vorgenommen, mag es kosten, was es will: für den Himmel ist mir nichts zu viel". Die Vorstellungen von Himmel und Hölle und eine entsprechende Lebensführung nach den Geboten Gottes oder der Kirchenleitung gehörten über Jahrhunderte zum Selbstverständ-

---

[1] Der Autor dieser Zeilen hat die Veränderungen innerhalb der Religionen und Konfessionen seit 1945 während seiner Aufenthalte in mehreren europäischen Ländern im Rahmen seines beruflichen Engagements (Theologe/Soziologe) erlebt und sich damit auseinandergesetzt. Vor allem haben viele Gespräche mit jungen Menschen zu dieser Sicht der Lage geführt.

nis der Gläubigen zumindest in den beiden großen Religionen, Christentum und Islam. Heute spüren viele Menschen, dass bisher geglaubte Wahrheiten nicht mehr tragen: biblische Texte und theologisch formulierte Glaubens-sätze, die Vorstellung den Himmel durch gute Werke verdienen zu können etc.: Das alte Bild eines Gottes über dem Sternenzelt, der beschützt, belohnt, straft und prüft und für nicht verschuldetes Leiden entschädigt, löst sich auf. Wozu ihn um Hilfe bitten, wenn er nicht eingreifen wird? In dieser neuen Situation vermag man den Vorwurf schwer zu widerlegen, dass Gottesglauben dem Wunschdenken entspringe, eine rein subjektive Projektion sei.

Auch spüren Menschen zahlreiche Inkonsequenzen zwischen religiöser Lehre und dem Lebensvollzug der Religionsmitglieder (Vorschriften in Bereichen von Sexualität, Partnerschaft, Familie; religiöse Verpflichtungen zu Gottesdienstbesuch, Beten, Fasten etc.). Vertraute man vormals auf eine vom Geist Gottes geoffenbarte und von den Kirchenführern in seinem Auftrag interpretierte Botschaft und Lebensleitung, so erfahren wir uns heute wenig oder nicht gebunden an die Wegmarkierungen, wie sie von der Religionsführung vermittelt werden, dagegen angewiesen auf den persönlichen Weg des Vertrauens.

Unter den ‚Noch-Kirchenmitglieder' im christlichen Religionsbereich lassen sich heute mehrere unterschiedliche Positionen ausmachen, z.B.:
- Noch traditionellen Vorstellungen verhaftet, erwartet man eine starke und vorbildliche pastorale Führung
- Man besucht noch die Kirchengemeinde, vertritt aber – ob aktiv oder rezeptiv –betont eigene Vorstellungen und Gestaltungswünsche
- ‚Karteimitglieder', die sich teils indifferent geben und eventuell die Dienste der Gemeinde zur Gestaltung von Lebensabschnitten oder als soziale Dienste (Kinderbetreuung, Altenpflege etc.) in Anspruch nehmen; andere, die aus mehrfachen Rücksichten die Mitgliedschaft nicht kündigen, obwohl sie spirituell eigene Wege gehen oder einer säkularisierten Lebensführung anhängen.

Die von der Religionsführung vermittelte geoffenbarte Botschaft und die religiösen Verpflichtungen werden zunehmend von Kirchenmitgliedern aller Altersstufen nicht mehr ernst genommen. Zugleich stoßen die Art der Kirchenführung und die Lebenspraxis in den

Gemeinden und auf Leitungsebene auf Unverständnis und Ablehnung.
Über die nicht-Kirche-besuchenden Mitglieder wie auch die nicht-mehr-Mitglieder weiß man wenig. Zum einen interessieren sich die Kirchengemeinden nicht (mehr) für sie, zum anderen treten diese Menschen strukturell (als Gruppe) im öffentlichen Raum wenig oder nicht in Erscheinung. Sie existieren als ‚im Niemandsland'. Ähnlich wenig und aus ähnlichen Gründen weiß man auf politischer Ebene von den Nicht-Wählern.

Noch Mitglieder wie auch religiös Engagierte, die sich bereits aus den Kirchen zurückgezogen haben, sehen sich vor schwierigen, aus ihrer Sicht schwer oder nicht mehr nachvollziehbaren, Herausforderungen, u.a.:
- Religionen, bezogen auf Westeuropa speziell die christliche Religion, reklamieren eine ‚von oben' geoffenbarte zu glaubende Wahrheit, vermittelt in theologischer Sprache und verbunden mit moralischen Ansprüchen einer gottgefälligen Lebensführung. Der Glaube a n die vorgegebenen Wahrheiten und die vorgegebene Lebensführung gilt als Maßstab des Glaubens. Gleichzeitig akzeptiert man passive Taufschein-Mitglieder als zugehörig.

- An den christlichen Religionen wird verstärkt der Widerspruch zwischen der erklärten Botschaft und ihrer Realisierung in den religiösen Gemeinden und auf Leitungsebene wahrgenommen. Zwar vermögen wir im politischen wie im religiösen nie das je erklärte Ideal zu leben. Problematisch ist es aber für Religionen, die sich anmaßen, Wahrheiten und Lebensführung zu bewerten.
- In der Begegnung mit einer verstärkt säkularisierten Lebensführung zeigt sich, dass die Kirchen nicht in der Lage sind, den Beitrag einer religiösen, speziell christlichen Lebensdeutung (Kern eines speziell religiösen Beitrags) überzeugend zu formulieren.

Noch immer stehen Kirchenleitungen auf dem Standpunkt, dass man zu Glauben erziehen (in der Familie) und ihn im Religionsunterricht, in Predigten, etc., lehren kann (Englert, R., 2013: Der besondere Reiz konfessionellen Religionsunterrichts. In: Herder Korrespondenz spezial. Glauben lehren. Die Zukunft des Religionsunterrichts)

Menschen, die sich von der von oben „vermittelten Gottesbegegnung" gelöst haben,

haben einen Interpretationsrahmen für ihr Leben verloren. Sie sind darauf angewiesen, ohne einen transzendenten Bezug in innerweltlichen Dimensionen Halt zu finden oder einen persönlichen Weg des Vertrauens in den 'Lebensgrund' des Daseins zu gehen und so zu einer neuen spirituellen Identität und Daseinsdeutung zu finden.
Mit dem Rückzug aus der kirchlichen Anleitung und dem Gemeindeleben wird die Neu- oder Rekonstruktion einer spirituellen Identität zur persönlichen Aufgabe. Welche Signale für eine schlüssige religiöse Lebenssicht bieten sich Menschen außerhalb der „von oben" vermittelten Gottesbegegnung an? (Großbölting, Th., 2013: Der verlorene Himmel. Glaube in Deutschland seit 1945).

Hier kann nicht empirisch belegt werden, wie Menschen persönlich eine spirituelle/religiöse Identität entwickeln und leben. Es geht hier um die Frage, welche Hinweise oder Signale sich ihnen möglicherweise in der Lebenssituation vor Ort und in weltweitem Bezug unter den gegebenen gesellschaftlichen Impulsen anbieten.

Auf der Suche nach spirituell-religiöser Identität

Menschen erleben sich ob arm oder reich, beliebt oder ausgegrenzt, gesund oder krank, in Machtpositionen oder machtlos, ungesichert: sie suchen nach (mehr) Sicherheit oder versuchen sie zu erhalten oder zu verteidigen, sowohl einzeln für sich oder in Gemeinschaften. Gesundheit, Reichtum, Beliebtheit, Ansehen, Macht, Wissen, Fertigkeiten geben Menschen einen, wenn auch begrenzten Halt. Vertrauen ist eine grundlegende Dimension menschlichen Daseins. Jeder Mensch hat seine Welt, in die er vertraut, eine Ordnung, die ein Minimum an Halt bietet; ein positives Selbstbild. „Im Vertrauen versichert sich das Individuum seiner selbst" (Schüle, Ch., 2013: Warum wir glauben müssen. In: Zeit Wissen, 2013,1,S.23).

Der bekannte Individualpsychologe Alfred Adler (Der Sinn des Lebens, Frankfurt a.M. 1973) beschreibt anschaulich, dass der Lebensstil, den Menschen von ihrer frühen Kindheit an entwickeln, entscheidend davon abhängt, welcher Gemeinschaftsbezug ihnen vermittelt wird (gemeinschafts-motiviert, akzeptiert, integriert, aktiv) und welchen Anker sie in einem Transzendenzbezug finden. Es kommt darauf an, dass das Erleben der Zugehörigkeit zur Gemeinschaft nicht verhindert, gemindert oder unterlaufen wird durch die Betonung/Vermittlung von Minderwertigkeit oder durch Überbestätigung des Ich (wie es sich bei „verwöhnten Kindern" ausdrückt).

Soweit können wir feststellen, dass jeder Mensch an etwas glaubt. Im Bemühen um die Sicherung der existentiellen Grundlagen, ihre Mehrung und Verteidigung riskieren wir unser Streben auf diese Ziele zu beschränken und wir neigen dazu, die Lebenssinnfrage aufzuschieben.
In der Situation ohne eine ganzheitliche spirituelle/religiöse Lebenssicht neigen wir auch zu Teillösungen, indem wir ergänzend zu den genannten Grundbedürfnissen spirituelle/ religiöse Teilbedürfnisse zu befriedigen suchen, so in meditativen, esoterischen und Wellnessangeboten. Solche Versuche werden von traditionell gläubigen Menschen und von anderen mit einer aufgeklärten säkularisierten Lebenssicht gerne als sektiererisch oder verstiegen weltfremd kritisiert.

Eine nur begrenzte Zahl von Menschen begibt sich individuell (ohne Einbindung in eine religiöse Gemeinschaft) auf die Suche nach einer schlüssigen persönlichen religiösen/spirituellen Lebenssicht oder Identität.
Für die Konstruktion unserer Lebenssicht bieten sich zwei Dimensionen oder Koordinaten an, eine

horizontale (die uns umgebende Welt) und eine vertikale oder Tiefendimension (die Frage nach einem transzendenten 'Lebensgrund').
Unausweichlich geht es zunächst um unser Mit-Sein. Naturwissenschaftliche Erkenntnisse der letzten Jahrzehnte verweisen uns auf die gemeinsame Wurzel allen Lebens. Die Lebenssituation zu Beginn unseres Jahrhunderts konfrontiert uns mit Auswirkungen gesellschaftlichen Verhaltens (Bevölkerungsentwicklung, Wirtschaft, Beschäftigung, Energie, Klima, Sicherheit), die uns zeigen, wie alle Staaten und Menschen in diesen Prozess in gegenseitiger Abhängigkeit eingebunden sind. Neben den direkt materiellen Gefahren für das Leben auf unserer Erde, denen wir ziemlich ratlos gegenüberstehen, bedrängt uns die Erkenntnis, dass das letzte Gelingen der Menschheit nicht möglich ist, ohne dass die Menschen in freien und gerechten Beziehungen zueinander finden. In demokratisch verfassten Gesellschaften mit allseitigem Zugang zu Bildung und Information wächst die Einsicht und (zumindest die theoretische) Akzeptanz in ein solidarisches soziales Regelwerk, das allen Mitgliedern einer Gesellschaft Grundrechte des Lebens zuerkennt. Dass es möglich, ist mittels rechtlicher, politischer und sozialer Regelwerke eine solidarische Gesellschaft mit einem stabilen ethischen Wertesystem aufzubauen, zeigt sich in

Gesellschaften, in denen diese Entwicklungen nicht religiös inspiriert oder gestützt wurden. Dass Regelwerke allein jedoch noch keine Herzenshaltung bewirken, lässt sich am Verhalten im gesellschaftlichen wie im religiösen Bereich ablesen. Ein politisches Regelwerk (demokratisch und sozialstaatlich) verhindert nicht egoistisches Verhalten und es regelt zwischenmenschliche Konflikte nur auf einer formalen Ebene. Allein das Regelwerk der Religionen an Heilslehren und Verpflichtungen schafft auch noch keine freieren, friedlicheren, besseren Menschen.

Im Bemühen um das Wohl der menschlichen Entwicklung und das gerechte und friedliche Miteinander gibt es keinen Führungsanspruch. Jedes Festhalten an Einzigartigkeit oder Auserwähltsein versperrt ein wirklich offenes, gemeinsames Suchen. Die schrecklichen Verbrechen, die an Menschen sowohl in Gesellschaften mit stark religiös geprägten Traditionen wie aber auch in erklärten atheistischen Gesellschaftssystemen begangen wurden, lehren uns, dass wir nicht per se aufgrund unseres Glaubens zum einen oder eben ohne Religion zum anderen bessere Menschen sind. Ein solches Regelwerk kann einen Rahmen schaffen, der der allgemeinen sozialen Wohlfahrt dient, indem es bestimmte Verhaltens-weisen fördert, andere verhindert.

In vielen Gesellschaften bestimmen noch vorrangig marktwirtschaftliche Kriterien das soziale Miteinander. Im Wetteifer um die Ressourcen der Lebensgestaltung gewinnen die Anpassungs- und Leistungsfähigen. Soziale Einschränkungen oder Ergänzungen werden nachgeordnet zur Stärkung der Leistungskraft und zur Konfliktreduzierung in Kauf genommen
Ein „evolutionärer Humanismus" erklärt, dass Menschen auf ihren kulturellen Grundlagen fähig sind, zu erkennen, wie sie Leid in der Welt mindern und das Miteinander gerecht und solidarisch gestalten sollen. Religiöse Angebote betrachten sie als überflüssig, hinderlich und irreführend (Bernd Harder, 2006: Die goldenen Regeln der Menschheit; *Schmidt-Salomon, 2005:Manifest des Evolutionären Humanismus, S.156-159*).
Es ist nicht zu übersehen, dass die Autoren des Manifestes „Evolutionärer Humanismus" religiöse Angebote auf dem Hintergrund negativer Vorstellungen und Erfahrungen ablehnen. Hier geht es nicht um die Frage, ob und inwieweit die christliche Botschaft humanitäre Überzeugungen grundgelegt habe. Es spricht nicht gegen eine religiöse Lebenssicht, wenn wir die Menschen für

fähig erachten, dass sie im Prozess kultureller Entwicklung selbst diese Regeln zur ‚Minderung von Leiden in der Welt' und zum gemeinsamen Wohlergehen erkennen.

Ohne das EGO in uns hätten die Menschen die technischen, kulturellen und auch sozialen Leistungen nicht vollbringen können. Es scheint, dass auf der Ebene dieser Entwicklung jedoch immer offenkundiger wird, wie sehr wir für unser eigenes Wohl und für das Miteinander darauf angewiesen sind, auch auf die Fähigkeit zu hören, „wahrhaft und gut zu sein" (Tolstoi, L.: Anna Karenina).
Eine Lebensdeutung, getragen von einer vertikalen Dimension behindert nicht, sondern unterstützt die horizontalen Bemühungen im menschlichen Miteinander.
Menschen, die sich von Gottesvorstellungen lösen können, die einem anmaßenden Denken und einem selbstgerechten Werten und Urteilen entspringen, können in einer neuen spirituell-religiösen Identität zu einer neuen Standortbestimmung finden:
- Sie sind frei, um sich mit allen ehrlichen Bemühungen um ein freies, gerechtes und solidarisches Miteinander zusammenzuwirken. Dabei vermeiden sie eine Allianz mit

Absolutheitsansprüchen auf Erkenntnisse und Wertungen sei es auf biologischer, politischer oder religiöser Ebene
- Sie entdecken dabei, dass ein von fundamentalistischen Ansprüchen und selbstentfremdenden Gottesvorstellungen befreite spirituell/religiöse Haltung unsere menschlichen Sinne über das naturwissenschaftlich Messbare, Beweisbare hinaus offen hält für Tiefendimensionen unseres Daseins.
- Sie entdecken auch, dass echte spirituell-religiöse Offenheit ganz und gar dem gerechten und solidarischen Miteinander zugeordnet sein muss. Auf diesem Wege verbietet sich menschliche Arroganz in Wissen und Wertungen. Die Beschränkung unseres Vorstellungsvermögens in Raum- und Zeitmaßen lädt ein zu Bescheidenheit. Vorstellungen von Gott und seinen Geboten erweisen sich als menschliche Projektionen, soweit sie nicht der Einheit der Menschen und damit letztlich der Einheit im 'Lebensgrund' des Daseins zugeordnet sind.
- Auf diesem Hintergrund wird deutlich, dass es in einer Religion nicht um einen Wahr-

heitsanspruch und einen Weisungsanspruch zur Lebensführung gehen kann. Der Weg ist so frei, um den spezifischen Beitrag einer spirituell-religiösen Suche – etwa der christlichen – in das gemeinsame Ringen um ein gerechtes, solidarisches Miteinander der Menschen einzubringen. Hierbei mag das Vertrauen in einen menschlich unfassbaren 'Lebensgrund' (wer ihn Gott nennen mag) in der Botschaft und im Leben des Jesus von Nazareth einen tragenden Anker finden. Damit kann eine spirituell-religiöse Lebenshaltung Geborgenheit, Sicherheit und Kraft bieten, den humanitären Beitrag mit größerer Freiheit von eigenen Ängsten und Begehren zu leisten.

Im Rückblick auf die kulturellen Leistungen der Menschen und im Blick auf die weltweiten globalen Bedrohungen und gegenseitigen Abhängigkeiten scheint ein (zumindest theoretisches) Bekenntnis zu einem gemeinsamen sozialen Regelwerk als einem Rahmen für ein gerechtes und solidarisches Miteinander zu wachsen. Es wächst die Einsicht, dass das letzte Gelingen der Menschheit nicht möglich ist, ohne dass die Menschen in freien und gerechten

Beziehungen zueinander finden. Weltanschauliche Heilslehren und Religionen verweisen auf die Notwendigkeit innerer Befreiung, einer Umkehr im Herzen. Im Blick auf das tatsächliche Leben religiöser Gemeinschaften zeigt sich allerdings, dass um den Kern dieser Botschaften Gebäude ausformulierter Wahrheiten, von Geboten, Riten und Führungsautoritäten errichtet wurden. Kirchliche Gemeinschaften sind hauptsächlich als Gottesdienstgemeinden wahrnehmbar, - nicht als Lebensgemeinschaft von Menschen, die aus dem Vertrauen in Gottes umfassende unwiderrufliche Liebe aufgebrochen sind zu einem selbstlosen, solidarischen Miteinander. Das ‚Religionsgebäude' verhindert, dass das Salz der Botschaft seine Kraft entfaltet. Man wirft es hinaus…..(Mk 9,50). So ist auch in interreligiösen Gesprächen nicht der Kern der Religionsbotschaft(en) das zentrale Thema, sondern die Unterschiede in den ‚Religionsgebäuden'. M.E. ist es so, dass wir mit dem, was wir von Jesus zu wissen glauben (und wie wir damit zu leben versuchen), unser Leben interpretieren. Die Veränderungen in Bezug auf Religion bedrängen uns, neu zu buchstabieren, was speziell religiös und was speziell christlich sein kann.

Wir erleben Mitmenschen, die wie selbstverständlich für andere Menschen da sind, nicht nur in Einzelaktionen sondern ein Leben lang. Darunter sind Menschen, die es nicht um ‚Himmelslohn' tun, sie verstehen sich selbst nicht als religiös. Welchen Beitrag kann dann eine religiöse Botschaft leisten?

Im Kern der monotheistischen Botschaften (Judentum, Christentum, Islam) steht die Botschaft von der Barmherzigkeit Gottes, unverfügbar, unverdient, unwiderruflich. Wer ‚Gott' sucht, wünscht eins zu sein mit seinem Gesetz. Die spezielle Botschaft Jesu oder der christlichen Lehre ist, dass sein Leben der totale Ausdruck der Liebe Gottes ist. Eins zu werden mit seinem Gesetz und seinem Willen der Liebe führt zur Lösung vom EGO. So könnten wir die Worte von Jesus verstehen: „Wenn jemand nicht von oben geboren wird, kann er das Reich Gottes nicht schauen……." (Joh 3,3-8). Darum ist der Glaube an die Auferstehung der Dreh- und Angelpunkt der christlichen Botschaft. Wer sich im Herzen (dem Leben und nicht nur in Worten und mit dem Verstand) danach sehnt, eins zu werden mit seinem Gesetz der Liebe, der lebt nicht zum Tode. Im Willen und Bestreben eins zu werden in diesem Gesetz erübrigen sich Sorgen um gute Werke, Frömmigkeit und Wohlverhalten.

Aus einer humanitären (religionsfreien) Annahme und Bereitschaft zum Miteinander könnte weiter gefolgert werden, dass wir allesamt im

‚'Lebensgrund"' (‚Gott') angenommen und gesichert sind; dem 'Lebensgrund' der Liebe, der alles zusammenhält. Ein solcher Weg des Vertrauens könnte modernen Menschen im Spannungsfeld technischer Möglichkeiten aber auch möglicher Naturkatastrophen und apokalyptischer menschlicher Gewalttaten Kraft erschließen.

Traditionell religiös oder ohne Glauben?

Die folgenden Ausführungen zu ‚Religion, Glauben, Lebenssinn' haben ihren Ausgangspunkt in einem weihnachtlichen Gespräch 2012 im Freundeskreis, dem später weitere Gespräche folgten. Die Diskussionsfrage war, wo und wie wir persönlich zu Religion, Glauben und Lebenssinn stehen. Die Ausführungen enthalten Überlegungen und Rückfragen zu den ausgetauschten persönlichen Standpunkten. Die bisherigen Gespräche drehten sich hauptsächlich um die These: Menschen und Gesellschaften würden auch ohne die Religionen zu Regelungen eines gerechten und solidarischen Miteinanders finden. Glauben gehe von nicht-wissenschaftlichen Annahmen aus, die einen objektiven Blick auf die Wirklichkeit verstellen.

Religion und Glauben ein menschliches Produkt?
Religion kann ‚Opium für das Volk' sein, sie kann unterwürfiges Verhalten fördern, sie kann sich für ethnische und politische Grenzziehungen und Konflikte einbinden lassen. Religiöse Orientie-

rungen zeigen einen starken Zusammenhang mit Erfahrungen der bedrohten menschlichen Existenz, durch Krankheit und den unvermeidlichen Tod, Gewalten der Natur, Ängste durch die Vergänglichkeit von Wohlergehen, die Bedrohung durch Armut, Bedeutungslosigkeit, Einsamkeit und durch mitmenschliche Gewalt. Unsere Ängste sind die Quelle von Abgrenzungen, Vorteilsstreben, Betrug, Gewalt, Verbitterung und Verzweiflung. Menschen haben religiöse Praktiken immer wieder als Mittel zum Zweck missbraucht, sie dafür eingesetzt, für sich selbst Hilfe von mächtigen transzendenten Wesen zu erhalten, vor Strafen für eigene Verirrungen verschont zu werden, für erlittene Entbehrung und Leid in diesem Leben Trost und Kompensation nach dem Tod zu finden. Solches Verhalten zeigt nicht selten eine zweifache Verirrung: einen Gott unseren eigenen Nöten dienstbar zu machen oder Gott etwas geben zu wollen und gleichzeitig den gewohnten Lebenswandel beizubehalten.

Eine naturwissenschaftlich ausgerichtete Betrachtungsweise kann zu dem Schluss kommen, dass Glauben an eine überweltliche, transzendente Grundlage des Universums aus unseren Ängsten und Unsicherheiten erwächst. In der Sehnsucht nach Erfüllung, Erlösung oder nach Schutz und Geborgenheit würden göttliche Botschaften gehört und würde ein göttlicher Wille vernommen und interpretiert.

Gewisse neurotheologische Meinungen sehen religiöse Gefühle oder Erlebnisse als rein emotionale Äußerungen, bewirkt in den neuralen Anlagen im menschlichen Gehirn, als naturwissenschaftlich messbaren biologischen Vorgang. Neurale Vorgänge (Angst, Freude etc.) können messbar abgebildet werden, offen aber bleibt, was wie und warum inhaltlich darin geschieht. Auch wissen wir aus neueren Forschungen, dass die neurophysischen Grundlagen in ihrem epigenetischen Material durch rechtzeitige Aktivierung ihrerseits beeinflussbar sind.

Mit Unterstützung neurowissenschaftlicher Befunde mehren sich kritische und gegnerische Stimmen zum Glaubensleben in Religionsgemeinschaften wie auch zu ihrem Beitrag für eine gerechte, friedliche und demokratische Gesellschaft (Vaas, R.: Göttliche Gesellschaften. In: Bild der Wissenschaft (BdW), 2013/1 S. 58ff). Als Beleg wird eine Vielzahl von Studienergebnissen angeführt. Es sei hier dahingestellt, welche Religiosität die angewandten Messinstrumente wirklich erheben können und wie angemessen der dabei angewandte Maßstab für demokratische und gerechte Gesellschaften ist. Schwer zu widerlegen sind einige Zusammenhänge zwischen sozialen Verhaltensweisen und speziell religiöser Verbundenheit:

- Das Glaubensleben innerhalb der monotheistischen Religionen (von Juden, Muslimen und Christen) zeigt sich als deutlich autoritätsbezogen. Die Zugehörigkeit ist nach Kriterien (Lehre, Gebote, Riten, Führungsautorität) festgelegt und die Gemeinschaften grenzen sich deutlich nach außen ab. Es überrascht nicht, dass dies einerseits eine Anpassung (Unterwerfung) an Führungsautoritäten begünstigt, andererseits Gefühle der Geborgenheit in einem bestimmten inhaltlich religiösen Rahmen und einer Gemeinschaft fördert.
- Menschen aus religiösen Milieus, in schwierigen Lebenssituationen, mit geringerer Bildung, geringerem Einkommen, mit gesundheitlichen Belastungen, mit Erfahrungen von Benachteiligung und Unrecht schätzen sich häufiger und stärker selbst religiös gläubig ein als materiell gutsituierte, gesunde und höher gebildete Menschen (Vaas, R., ebenda).
- Dagegen kann festgestellt werden, dass Menschen in liberalen demokratisierten Gesellschaften nicht nur eine selbst-

bestimmtere Lebenssicht vertreten, sondern ihr Leben auch eigenständiger, individueller gestalten. Ein allgemein verbindlicher Wertemaßstab ist hierfür nicht so deutlich erkennbar.

Es ist vermutlich gut zu belegen, dass die monotheistischen Religionen einige Vorstellungen in diesem Zusammenhang in den Vordergrund gestellt haben, wie z.B. einen Gott „als Anwalt" der Benachteiligten, einen Ausgleich im ‚Jenseits' für erlittene Benachteiligung und Unrecht auf Erden, ein Gott, der Gutes belohnt und Böses bestraft etc. So ist es kaum verwunderlich, wenn die Praxis von Religionsgemeinschaften als Mittel zur Beruhigung (Opium) der Benachteiligten wahrgenommen wird. Die radikalen Botschaften der monotheistischen Religionen zu Vergebung, Gerechtigkeit, gegenseitiger Hilfe, etc. werden dagegen nicht hinreichend deutlich zur Grundlage religiöser Gemeinschaften. Religiöse Gemeinden sind vorwiegend Gottesdienstgemeinden, mit Unterweisung und Riten (Gottesdiensten) beschäftigt.

Eine humane Gesellschaft ohne ‚Gottesglauben'?
Wir können heute insbesondere bei einer gebildeten Schicht der jungen Generation eine

ausgeprägte Scheu davor feststellen, für die eigene Welt- und Lebenssicht die Möglichkeit in Betracht zu ziehen, dass es „einen Gott gibt". Sie befürchten damit von vorneherein auf eine falsche Fährte zu geraten. Sie ziehen es vor, ihr Leben innerhalb der kosmischen Gesetze zu verstehen, einem Kosmos, der sich selbst trägt und nicht „getragen wird" (geschaffen, erhalten, geführt) von einem transzendenten Wesen. Anders als alle menschlichen Generationen bisher erleben wir heute unsere Erde als planetarischen Punkt in unermesslichen kosmischen Weiten. Wir erforschen die Entwicklung des Lebens in einer Abfolge von Milliarden Jahren. Der Kosmos – wir selbst inbegriffen - erscheint uns als zufälliges und notwendiges Produkt aus sich selbst, den ihm innewohnenden Kräften, ohne Zutun und Führung „von außen".

Um das kosmische Geschehen zu erklären ‚brauchen' wir aus innerweltlicher Sicht keinen ‚Gott'. Es wäre – so A. Comte Sponville, irreführend eine Existenz Gottes anzunehmen, um den Sinn des Dasein zu erkennen (2009: Woran glaubt ein Atheist?: Spiritualität ohne Gott. Diogenes Verlag).

Innerhalb dieser Weltsicht finden wir auch die optimistischen transhumanistischen Meinungen. Demnach würden die Menschen zunehmend in der Lage sein, ein leidfreies, dauerhaftes paradiesisches Leben zu ermöglichen.

Ein „evolutionärer Humanismus" erklärt, dass Menschen auf ihren kulturellen Grundlagen fähig sind, zu erkennen, wie sie Leid in der Welt mindern und das Miteinander gerecht und solidarisch gestalten sollen. Religiöse Angebote betrachten sie als überflüssig, hinderlich und irreführend (Bernd Harder, 2006: Die goldenen Regeln der Menschheit; *Schmidt-Salomon, 2005:Manifest des Evolutionären Humanismus, S.156-159*).

Diese modernen Meinungen provozieren Fragen gleichermaßen an die Religionen wie an die hier skizzierten innerweltlichen Sichtweisen.

Eine innerweltliche Lebenssicht geht verständlicherweise nicht von einem paradiesischen Zustand der ersten Menschen aus; weder was seine Lebensbedingungen betrifft, wie auch die Freiheit, sich einem Willen Gottes zu verweigern. Die innerweltliche Sicht vertraut auf die Fähigkeiten der Menschen, einen paradiesischen Zustand selbst zu schaffen, sowohl auf technisch-kultureller Ebene wie auch dadurch, dass sie in der Lage sind, ein soziales Regelwerk für ein gerechtes, friedliches Zusammenleben zu schaffen.

Eine Erlösung des Menschen, eine grundsätzliche Heilung oder Umkehr des Menschen ist in dieser Weltsicht nicht vorgesehen. Werden die technischkulturelle Entwicklung und das von Menschen entwickelte soziale Regelwerk auch dazu führen, dass die Menschen in ihrem Wesen ehrlicher, gerechter, friedliebender, solidarischer miteinander umgehen? Wird sich die Gestaltung der Lebensbedingungen und des sozialen Regelwerkes für das Zusammenleben auf die persönlichen Anlagen der Menschen selbst auswirken, werden die Menschen in ihrem Wesen gerechter, friedliebender, solidarischer? Wie kann es ein letztes Gelingen der Menschheit geben, ohne dass die Menschen wirklich zueinander finden?

Ein gemeinsamer Weg: Befreiung von Leiden und Einswerden mit dem Ganzen

Buddha sah die Wurzel aller Leiden in den Anhänglichkeiten des Ego, seinen Ängsten und seinem Verlangen nach Wohlergehen, Sicherheit, Macht, Gesundheit, in seinem Begehren nach Besitz, Macht, Lust, Anerkennung, Liebe etc. Die Lösung vom Ego befreit demnach nicht nur aus dem Kreislauf der Leiden, sie macht auch offen für das Miteinander. Die auf dem Meditationsweg zu gewinnende Befreiung geschieht nicht ausdrücklich durch einen religiösen Bezug (Vertrauen in Gott, in seine Liebe), wohl aber auch im Erleben der Einheit mit dem kosmischen Ganzen über den leiblichen Tod hinaus. Buddhas

Weg zur Freiheit von Leiden versteht sich im Blick nach innen, nach den Wurzeln der Leiden im Menschen und dem Weg einer ganzheitlich zu vollziehenden Lösung vom Ego. Der Weg zur vollen Befreiung erscheint anspruchsvoll. Es überrascht darum nicht, dass er sich im Rahmen von Wiedergeburten oder mehrfach gelebter Existenz identischer Wesen vollziehen soll. Er stellt sich als ein langer und nur in Etappen zu erreichender Weg der Selbsteinkehr des Menschen dar. Als solcher beinhaltet er das Vertrauen, dass die Menschen dazu in der Lage und gewillt sind, ihre Befreiung aus sich selbst zu entdecken. Ein letztendliches Scheitern des einzelnen Weges zur Befreiung wird nicht erörtert.

Spirituelle Botschaft und religiöses Regelwerk.
Ein besonderes Problem der christlichen Botschaft der Bibel und insbesondere der Evangelien ist es, dass sie überlagert ist von der kirchlichen Tradition, in der in Verbindung mit politischer Macht Auslegungen der Botschaft als zu glaubende Wahrheiten und zu beachtende Gebote und Riten festgelegt wurden. Wer sie nicht anerkennt oder befolgt wird aus der Gemeinschaft ausgeschlossen. Diese erklärten Wahrheiten, Gebote und Riten erscheinen inzwischen als der eigentliche religiöse

Ausdruck, das eigentliche religiöse Leben der christlichen Gemeinden.

In den Berichten der Evangelien begegnet uns Jesus als derjenige, der mit seinem Leben, seinen Taten und Worten bezeugt, dass Gott Liebe ist. Nach dem Wortsinn der biblischen Texte beinhaltet diese Liebe Wohlwollen und Freigebigkeit. Die wundersamen Heilungen, von denen berichtet wird, sollen diese Liebe bezeugen und die endgültige Vollendung, die ‚Einheit von Himmel und Erde' ankündigen. Es wird berichtet, dass Jesus mehrfach betont hat, dass Gott weiß, was wir brauchen, dass er uns großzügig gibt, was wir brauchen und nicht nach dem, was wir verdienen. Vertrauen in sein Wohlwollen und seine Freigebigkeit ist nach seinen Worten Grundlage: nicht nur als Sicherheit in Notlagen, sondern auch als Kraft zum Überwinden des Ego, zum solidarischen Teilen, zur Feindesliebe und zum Vergeben.

Dieses Vertrauen (Glaube) widerspricht nicht der vorhin skizzierten innerweltlichen Lebenssicht, weil es die Verantwortung im hier und jetzt für uns selbst und die Mitmenschen in keiner Weise auf Gott schiebt. Glaubende Menschen sehen die Kraft des Wohlwollens und der Freigebigkeit in Gott begründet und erfahren sich auf diesem Wege eins mit seinem Willen und seinem Ordnungsprinzip. Glaube liegt demnach nicht in „Trost im Jenseits", einem Opium der Hilfesuchenden, sondern im Vertrauen darin, dass wir alle in transzendenter Liebe angenommen sind und dass wir in diesem Prinzip des Wohlwollens und Vergebens eins sind. Weil und insoweit das „ Bekennen, Begehen und Befolgen" (von Wahrheiten, Riten, Geboten) als das Wesentliche der Religionstätigkeit und damit über die Liebe gestellt wurde, wird die Botschaft der Religionen für die Lebensfragen der modernen Menschen kraftlos.

Woran wird Glauben gemessen?
Religiöse Institutionen neigen dazu, ihre eigenen Interpretationen von Botschaften zu verabsolutieren. Wir erfahren das in Form von theologisch-dogmatischen Lehren, moralischen Verpflichtungen (Gebote, Riten, gottgegebener Führungsaufträge). Mittels dieses Regelwerkes erst entsteht dann die Verknüpfung mit dem politischen Regelwerk. Im Austausch darüber, wie wir unserer inneren Stimme folgen und wie wir mit Interpretationen dieser Stimme und den angebotenen religiösen Interpretationen umgehen, entstehen sozial notwendig Gemeinsamkeiten von Erfahrungen, Überzeugungen, Verhaltensweisen, entwickeln wir Regeln und soziale Strukturen. Damit sind wir versucht,

diese als den eigentlichen Heilsweg anzubieten und einzufordern.

Es gibt bei noch oder nicht mehr Kirchenmitgliedern ein verbreitetes Unbehagen darüber, dass aus den kirchlichen Institutionen heraus die Botschaft Jesu bzw. ihre Interpretation die moderne Welt nicht mehr erreichen kann. Die Kirchen scheinen dieser Botschaft weithin im Wege zu stehen. Im ‚kirchlichen Gewand' scheint die Botschaft schal geworden. „Man wirft sie hinaus und lässt sie zertreten" (Mt 5,13, Mk 9,50, Lk 14,34). Die religiösen Institutionen rechtfertigen sich mit sozial-kulturellen Leistungen in den Bereichen Erziehung, Bildung, Gesundheit, Pflege. Mit der Fokusierung auf das eigene kirchliche Regelwerk (Wahrheiten, Gebote, Riten und Führungsautoritäten)[2] und die sozio-kulturellen Leistungen verzichten die Kirchen auf die Dynamik der Botschaft von der Liebe ‚Gottes'.

Demokratisch organisierte Gesellschaften haben ein sozio-politisches Regelwerk geschaffen, dessen Bausteine auch in den kirchlichen Lehren

---

[2] „Wir stellen heute wieder sehr deutlich heraus, dass Gottesdienst, Frömmigkeit, gefeierter und gelebter Glaube die Kompetenz der Kirche bilden", so der Ratsvorsitzende der Evangelischen Kirche , Bischof W. Huber in einem Spiegel-Interview (Der Spiegel, 18, 2006, S. 48-50)

grundgelegt sind. Die Kirchen dagegen beanspruchen, dass sie diese Errungenschaften inspiriert und vorbereitet haben. Von anderer Seite wird dies bestritten und betont, dass die humanitären Werte vielfach gegen den Widerstand von Kirchen politisch durchgesetzt wurden.

Soweit in christlichen Gemeinden und bei ihrem Leitungspersonal nicht erkennbar ist, dass sie ihre Botschaft tatsächlich leben, kann diese Botschaft auch nicht ausstrahlen und überzeugen.
Negative Bilder religiösen Verhaltens, von Gläubigen wie ihrer Führung, kompromittieren Menschen innerhalb der Religionsgemeinschaften und außerhalb, die ihre spirituelle Orientierung in Richtung eines offenen und gerechten Miteinanders authentisch zu leben versuchen. Solche Verhaltensweisen, die letztlich die spirituellen Botschaften in Misskredit bringen, auf die sich Religionen berufen, zeigen sich z.B. im abgrenzenden Verhalten der Religionsgemeinschaften zueinander, den theologischen Verabsolutierungen ihrer Botschaften, dem mit göttlichem Auftrag begründeten Selbstbild des Führungspersonals, religiösen Verpflichtungen, die ein demokratisch legitimiertes Regelwerk untergraben (z.B. Verbot Empfängnis verhütender Mittel), der Beteiligung (passiv oder aktiv) von

Religionsgemeinschaften an ethnischen Konflikten (z.B. Nordirland) etc.
Wie äußern sich heute jüngere Menschen, die sich mit einer innerweltlichen Lebenssicht begnügen, oder Religionen als rein menschliches Werk und als gefährliches Machtmittel sehen, einen Glauben an Gott als Ausdruck menschlicher Sehnsüchte deuten?

Folgende Statements aus Gesprächen geben davon einen Eindruck:
- *Ich kann an einen Gott einfach nicht glauben. Ich finde keine Erklärung dafür, warum er zulässt, dass sich Multi- Konzerne die Welt unter den Nagel reißen und friedliebende Bauern in Afrika ins Elend treiben. Was ist das für ein Gott, der das Elend zulässt ?*

Unsere westlichen Gesellschaften mit christlichen, jüdischen und muslimischen Religionen können wohl nicht als humane Gesellschaften bezeichnet werden mit ihrer Massentierhaltung, dem unbegrenzten Konsum(-terror), dem Ausbeuten der ehemaligen Kolonialstaaten, dem Überschwemmen der afrikanischen Märkte mit EU- Agrarprodukten, die einheimische Landwirtschaft kaputtmachen usw. So ist bereits die Fragestellung falsch. Eine humane Gesellschaft mit Gottesglauben scheint es in der westlichen Welt nicht zu geben.

‚Opium für das Volk' sind heutzutage Fernsehen mit RTL- Programm: Deutschland sucht den Superstar und Dschungel-Camp. Daran verblödet die Gesellschaft und

atmet ihr Opium ein. Religion spielt insoweit überhaupt keine Rolle mehr.

- *Ich habe recht schnell in meinem Leben Erschütterungen im Urvertrauen erfahren. Der kirchlich ausgerichtete Glaube hat mir nichts geben können, außer Regeln, die zur Kontrolle dienten. Menschen, die nach eigenem Bekunden gläubig waren, verhielten sich für mich nicht (recht) christlich. Ich für mich habe eine humanistische Ethikvorstellung - meine ich – ich kann Halt oft nur in mir selber finden.*

- *Es stört mich, wenn manche (nicht alle) Nicht-Glaubenden sich gewissermaßen überlegen fühlen, da sie ja ach so kritisch denken und zu dem Schluss gekommen sind, dass sie keinen Gott brauchen. Glaubende sind für sie rückständig bzw. infantil, wie ein Kind, das noch hartnäckig am Glauben an den Nikolaus festhält.. Niemand hat Gott je gesehen, nach dem Tod kommt nichts mehr, die Auferstehung ist Illusion. Es widerspricht jeglicher Vernunft und wissenschaftlicher Erkenntnis zu glauben.*
Im Grunde ist es so einfach: Sich selbst lieben und andere lieben. Das ist es. Nicht ständig danach fragen: Wo bist Du? Zeig Dich mir, zeige mir meinen Weg. Sondern einfach anfangen und lieben, der Weg wird sich dann schon finden. Niemand hat die Wahrheit „für sich gepachtet". Da ist es schlimm, dass die institutionelle Kirche diesen Absolutheitsanspruch hat und so sich selbst im Weg steht, wenn es darum geht, Gottes Botschaft zu leben. Das schreckt besonders die

jungen Menschen ab. Schlimm ist für mich auch die Doppelmoral, mit der sie sich in der Öffentlichkeit zeigt (und leider auch im Kleinen, wenn man mal „hinter die Kulissen" schaut). Dann denke ich: Dies ist nicht meine Kirche. Ich stelle mir die Frage, ob es nicht doch besser ist auszutreten. Oder noch radikaler (aber das kann keiner allein bewirken): Alles zusammenstürzen lassen und nochmal neu anfangen. Den ganzen Apparat abschaffen. Die Kirchen mit allen Kunstschätzen in Museen umwandeln, Eintrittsgelder den Armen schenken. Kleine christliche Zellen bilden ohne institutionellen Überbau.

- *Mich interessiert am meisten die Frage: „Wie wird sich eine religiöse oder spirituelle Lebensdeutung außerhalb der Kirchen auf dem Hintergrund von Erfahrungen mit einer kirchlich vermittelten Botschaft entwickeln?" Darauf hätte ich auch gerne eine Antwort; ich würde gerne mitarbeiten an einer gemeinsamen Suche, an einem Aufbruch. Wie organisiert man sich mit Gleichgesinnten? Leider ist der offizielle Zugriff der Kirchen auf das Spirituelle noch sehr stark.*
Aber auch die Kirche hätte noch eine Chance, wenn sie endlich bei ihrer Arbeit vom mündigen Gläubigen ausginge. Für alle Spannungen zwischen Welt und Religion gilt doch, dass jede Art von Kirche in ihrer jeweiligen Gesellschaft lebt. Hinter den mündigen Bürger sollte man nicht mehr zurückfallen.

- *Religion ist für mich ein Jahrtausende alter, sich stetig entwickelnder Prozess, um mit dem was man nicht*

versteht und verstehen will umgehen zu können. Kirche scheint mir wie eine logisch ausgedachte Ansammlung von Riten. Manche dieser Riten sind so weit weg vom ursprünglichen Sinn, der durch die damaligen Lebensumstände wahrscheinlich seine Berechtigung hatte, dass man ruhig behaupten kann: da wurde wohl die letzten 2000 Jahre geschlafen.
Um es kurz zu machen, für mich gibt es keinen Gott. Er ist mir nicht abhanden gekommen, sondern hat sich mir noch nicht so weit offenbart, dass es zum Glauben reicht.

- *Religionen sehe ich eindeutig als rein menschliche und damit nicht transzendente Institutionen an. Ich glaube hierzu, dass die Kirchen in unseren modernen Demokratien mit (vergleichsweise) stabilen Wertesystemen eine ihrer wichtigsten Funktionen der Vergangenheit verloren haben, nämlich soziale Gemeinschaften zu organisieren und diese mit Regeln und Strafen am Leben zu halten. Diese Funktionen haben heute der moderne Rechtsstaat und das gemeinsame Wertesystem übernommen, weshalb die Kirchen hier unbrauchbar geworden sind*

- *Die Verkündigung der theologisch Verantwortlichen ist fast immer eine von oben, selten eine auf Augenhöhe und noch seltener die Erfahrung der Nicht-Theologen, oder Nicht-Kleriker, oder sogar Frauen ernsthaft, interessiert erfragend. Mir kommt es vor, als würde der erwachsene Glaube der einfachen Frauen und Männer innerkirchlich ignoriert. Das finde ich sehr tragisch und auch schmerzlich*

Das sind ein paar Ausschnitte aus den Gesprächsbeiträgen von 35-55jährigen Frauen und Männern. Als junge Menschen wurden sie über eine Reihe von Jahren in Rahmen der schulischen Bildung im Religionsunterricht mit der christlichen Botschaft vertraut gemacht, sie haben an Gottesdiensten und rituellen Handlungen teilgenommen und sie wurden auch von ihren Eltern in einer christlichen Tradition erzogen. Nun aber bauen sie nicht (mehr) auf dem religiösen Wissen, das ihnen vermittelt wurde und sie fühlen sich anerzogenem Denken und Verhalten nach christlicher Tradition nicht mehr verpflichtet. Sie machen einen etwaigen Glauben auch eher davon abhängig, dass Gott sich in ihrem Leben bemerkbar machen müsse. Dies ist wohl kein überraschendes Ergebnis, es sei denn, man erwartet tatsächlich, dass „Glauben" sich ereignet, wenn nur im Kindesalter religiöses Wissen vermittelt und zu entsprechendem Verhalten erzogen wurde.

Manche der genannten Äußerungen sprechen von einem Glauben, dessen Weg ganz real über den Mitmenschen führt. Je offener, wahrer und wohlwollender wir zu Mitmenschen sind, um so eher sind wir auf dem Wege uns einfügen zu wollen in die Ordnungsprinzipien der Liebe.

Eine Voraussetzung für einen Weg aus dieser Verstummung ist , dass Menschen, sich in ihren Erfahrungen der Sinnsuche und es Glaubens austauschen. Das Glaubensleben in den monotheistischen Religionen ist jedoch so organisiert, dass die Mitglieder weithin nicht als „eigenständige", mündige Gläubige sondern als der Führung und Unterweisung Bedürftige wahrgenommen werden. Theologische Bildung gilt oft erst als Nachweis religiöser Mündigkeit und von Führungskompetenz.

Religionen als moralische Instanzen?
Viele Menschen stören an den Religionen nicht so sehr menschliche Fehler und Schwächen ihrer Mitglieder. Unannehmbar erscheint vielen Menschen in und außerhalb der Religionen die moralische Arroganz, mit der Glaubenslehren definiert und Anforderungen an das Glaubensleben aufgestellt werden. D.h., wenn die religiöse Führung beurteilt und ausgrenzt, was erlaubt/nicht erlaubt ist, wer teilnehmen darf (z.B. Abendmahl), Hilfe bekommt oder in ihren Einrichtungen arbeiten darf.

Nur allzu leicht vernachlässigen Religionen, was ihre eigentliche Basis darstellt: die Güte Gottes, die sie selbst erfahren haben und in die sie vertrauen, zu bezeugen. D.h. Frieden und Vergebung zu verkünden, so zu handeln, wie sie selbst vertrauen, angenommen zu sein. Die Gleichnisse und Reden von Jesus machen dies unmissverständlich deutlich.

Die Botschaft von der Güte Gottes könnte zu Vergebung und Frieden befähigen und damit die einigende Grundlage der monotheistischen Religionen bilden. Im Vertrauen auf die Botschaft, dass ein Gott aus seiner freien, unwiderruflichen, absoluten Liebe an uns handelt, erschließt sich Kraft, ebenso an unseren Mitmenschen zu handeln. Aus diesem Vertrauen folgt nicht Blindheit für moralische Richtlinien, sondern Verzicht auf eine Richterrolle zu konkreter Beurteilung und Ausgrenzung, stattdessen Konzentration auf das Grundvertrauen in Liebe und Vergebung. Daraus kann gerechtes und solidarisches Verhalten folgen.

Es geht um das Miteinander der Menschen und die menschliche Entwicklung

Finden Menschen außerhalb der Religionsgemeinschaften zu einer neuen spirituell-/religiösen Lebenssicht?

Wenn sich junge Menschen vermehrt auf eine innerweltliche Lebenssicht zurückziehen, so kann sich das sehr positiv auf eine gemeinsame Standortsuche von religiösen und religionsdistanzierten Menschen auswirken. Dies setzt eben voraus, dass wir gemeinsam suchen, wobei keine Seite eine absolute oder missionierende Position einbringt. Es geht zunächst um das Wohl unserer menschlichen Entwicklung und unseres Miteinander. Hier sitzen alle im gleichen Boot, ob gläubig oder nicht. In diesem Bemühen gibt es keine Vorrechte oder höhere Positionen. Jedes Festhalten an Einzigartigkeit oder Auserwähltsein, jede Berufung auf einen persönlichen göttlichen Auftrag und eine von Gott vermittelte Wahrheit oder auch die Einbildung eines theologischen Wissensvorsprungs versperrt ein wirklich offenes, gemeinsames Suchen, zumindest soweit nicht beide oder alle Gesprächspartner diese Positionen teilen. Die schrecklichen Verbrechen, die an Menschen sowohl in Gesellschaften mit stark religiös geprägten Traditionen wie aber auch in erklärten atheistischen Gesellschaftssystemen begangen wurden, lehren uns, dass wir nicht per se aufgrund unserer religiösen oder humanitären Überzeugungen bessere Menschen sind. Bessere Menschen entstehen vermutlich auch nicht automatisch durch ein soziales Regelwerk, das wir uns auf der Basis von Werten (Menschenrechte,

Demokratie etc.) schaffen. Ein solches Regelwerk kann einen Rahmen schaffen, der der allgemeinen sozialen Wohlfahrt dient, indem es bestimmte Verhaltensweisen fördert, andere verhindert.
Bei aller Empörung über religiösen Wahn gestern und heute, von Dummheit und Arroganz, die wir darin sehen können, so macht uns allein die Ablehnung von Religion nicht zu ehrlicheren oder klügeren Menschen. Ob so oder anders gläubig, oder nicht religiös stellt sich uns die Frage: wie gehen wir den Weg „in dieser Welt" ‚ehrlich, wahr und wohlwollend' miteinander? Das Ergebnis dieses Weges ist entscheidend. Wenn eine Interpretation „dass Gott Liebe ist" uns auf diesem Weg leuchtet, (ohne die negativen Eigenschaften der Religion!), was kann es schaden?[3]

Hat nicht jeder Mensch seine ‚Welt', in die er vertraut?
Eine nicht unbedeutende These zu den Grundlagen von Glauben stellt fest, dass ihre zentrale

---

[3] So klingt auch das Fazit, das der Jesus-Jünger Petrus aus seinen Erfahrungen zieht: „durch dieses Erlebnis wissen wir noch sicherer, dass die Vorhersagen der Propheten zuverlässig sind und ihr tut gut daran, auf sie zu achten. Ihre Botschaft ist für euch wie eine Lampe, die in der Dunkelheit brennt, bis der Tag anbricht und das Licht des Morgensterns eure Herzen hell macht" (2 Petr 1, 19)

Dimension ‚Vertrauen' ist. Danach hat jeder Mensch ‚seine Welt', in die er vertraut, eine Ordnung, die ein Minimum an Halt bietet; ein positives Selbstbild. „Im Vertrauen versichert sich das Individuum seiner selbst" (Schüle, Ch.,: Warum wir glauben müssen. In: Zeit Wissen, 2013,1,S.23).
Nicht selten begegnen wir heute innerweltlich beschränkten Lebensdeutungen bei Menschen, die die Einheit des Lebens betonen und sich auch praktisch darum bemühen. Damit verbindet sich nicht selten ein überdurchschnittliches Vertrauen darauf, dass es möglich ist, mittels rechtlicher, politischer und sozialer Regelwerke eine solidarische Gesellschaft mit einem stabilen ethischen Wertesystem aufzubauen. Dass es möglich ist, zeigt sich in Gesellschaften, in denen diese Entwicklungen nicht religiös inspiriert oder gestützt wurden. Dass Regelwerke allein jedoch noch keine Herzenshaltung bewirken, lässt sich am Verhalten im gesellschaftlichen wie im religiösen Bereich ablesen. So verhindert ein politisches Regelwerk (demokratisch und sozialstaatlich) nicht egoistisches Verhalten und es regelt zwischenmenschliche Konflikte nur auf einer formalen Ebene. Allein das Regelwerk der Religionen an Heilslehren und Verpflichtungen schafft auch noch keine freieren, friedlicheren, besseren Menschen. Ein tatsächliches Vertrauen in einen liebenden 'Lebensgrund' (‚Gott') kann eine

neue Lebensgrundlage bieten, ein Verlangen zu einer Herzenshaltung im Einklang mit den Gesetzen von Solidarität und Liebe.

Was könnten Grundelemente einer spirituellen Lebenshaltung sein?

Wie könnten wir eine traditionell religiöse von einer offenen, spirituellen Lebenshaltung unterscheiden? Was könnten Grundelemente einer spirituellen Lebenshaltung sein? Dazu gehört vor allem die Bereitschaft, der Außenwelt offen zu begegnen.

- Offenheit *zur* Begegnung und *in* der Begegnung mit den Mitmenschen: offen dafür, wahrzunehmen, wo man selbst steht (nicht in Bezug auf Meinungen oder Erkenntnisse, sondern auf Interessen, Vorbehalte oder Erwartungen) und offen dafür, auf den Standort des Anderen einzugehen und Wege akzeptabel für beide Seiten zu suchen.
- Offenheit, die eigenen Überzeugungen religiöser, ideologischer oder fachlicher Art als eigenen Beitrag einzubringen, nicht als absolute Richtschnur für andere.

Die Offenheit der Außenwelt gegenüber beinhaltet selbst authentisch und wahrhaft zu sein. Nicht

Leistungen oder Versagen sind der Maßstab, sondern die Herzenshaltung.
Es geht um unser Miteinander. Jeder Mensch verfügt über eigene Vertrauensgrundlagen, mehr oder weniger ausgeprägt, mehr oder weniger bewusst. Entscheidend ist dabei, wie offen wir sind in der Respektierung und Akzeptanz anderer Deutungen als der eigenen und wie wachsam wir sind gegenüber fundamentalistischen Haltungen.
Eine an der Jesusbotschaft orientierte spirituelle Lebenshaltung beinhaltet diese Offenheit: dass wir Menschen eins werden miteinander und eins auch im Lebensganzen. Dieses Anliegen bringt Jesus nach dem Bericht des Johannes-Evangeliums zum Ausdruck, wenn er betet: „Dass sie alle eins seien. So wie du in mir bist und ich in dir, Vater, so sollen auch sie in uns eins sein" (Jo 17,21).
Wir treffen eine Entscheidung für unser Leben jenseits eines politischen oder religiösen Regelwerkes, wenn wir unser Vertrauen aus der Interpretation gewinnen, dass wir Menschen nicht nur auf eine transzendente Heimat hin angelegt sind, sondern dass wir uns hier und jetzt in Wohlergehen oder in Not darauf verlassen können, unwiderruflich und vollkommen angenommen und geliebt zu sein. Je mehr wir uns zu diesem Vertrauen auf den Weg machen, umso stärker wird auch das Verlangen mit diesem

Ordnungsprinzip der Liebe einig und eins zu werden.

Rahmen und Perspektiven der Lebensgestaltung heute

Lebenserfahrungen in den westlichen Industriegesellschaften sind geprägt durch naturwissenschaftliche Informationen über unsere Lebensgrundlagen, durch stete technische Neuerungen, die Konkurrenz um wirtschaftliches Wachstum, die rechtliche Absicherung sozialer Risiken und einen starken Wandel in den sozialen Beziehungsstrukturen. Die Menschen leben in hohem Maße vereinzelt in ihren Lebensformen, in ihren Meinungen und in der Gestaltung ihrer materiellen Sicherheit. Von den Medien vermittelte Wertungen und medial vernetzte Meinungen beeinflussen in hohem Maße wer oder was sich politisch und kulturell in der Gesellschaft durchsetzen kann.

Trotz der aktuellen wirtschaftlichen und finanzpolitischen Krisen lebt ein großer Teil der Bevölkerung in den westlichen Industriegesellschaften in relativem Wohlstand und rechtsstaatlich abgesichert durch ein demokratisches Regelwerk. Dabei aber erleben sich die Menschen in ihrer vereinzelten Lebensgestaltung vielfach machtlos gegenüber wirtschaftlichen, politischen, sozialen und religiösen Institutionen.

Im unvermeidlichen Wettbewerb werden mit immer leistungsfähigeren maschinellen Mitteln neuere, bessere und größere Mengen an Waren produziert. Die technischen Mittel werden mit demselben Ziel auch zur automatisierten Kommunikation, Logistik und Dienstleistung eingesetzt. Damit werden handwerkliche Produktion und Dienstleistung als nicht konkurrenzfähig verdrängt. Die Art der Produktionsstruktur und Dienstleistung führt zu instabilen Ansiedlung von Produktionsstätten, damit zu einer Entkoppelung von Produktionsstandorten und den Wohnorten der Arbeitnehmer. Rekreative und gesundheitliche Versorgung sowie Alters-vorsorge beanspruchen einen immer höheren Anteil verfügbarer finanzieller Mittel. Die ungleiche Teilhabe an Erwerbseinkommen führt dazu, dass immer breitere Bevölkerungsschichten auf Transferleistungen zur existentiellen und rekreativen Versorgung angewiesen sind.

Zu allen Zeiten haben Menschen in Not eher nach Gott gefragt, nach der Devise ‚Not lehrt beten'. Wenn es uns aber gut geht, so fragen wir eher ‚wozu brauche ich noch Gott'? Umfassende Bedrohungen der menschlichen Existenz (z.B. durch Erwärmung/Erkältung der Erdatmosphäre und ihren Auswirkungen, oder durch die im Egoismus der Menschen begründete Neigung zur gegenseitigen Zerstörung) lässt uns ratlos vor einem ‚Gott', der ein solches Universum mit so veranlagten Menschen schafft. Der Blick nach vorne auf die Lebensrisiken der Zukunft und auch der Blick zurück im Wissen um die Gräueltaten politischer Macht und das Schweigen oder Mitwirken der Religionen hinterfragen unser Vertrauen in einen allmächtigen liebenden ‚Gott'.

Wir beobachten innerhalb und an den Rändern der religiösen Lager Bestrebungen zwischen Ablehnung oder Gegnerschaft auf der einen Seite und fundamentalistisches Festhalten an Traditionen auf der anderen Seite. Es scheint vielmehr so zu sein, dass ein großer Teil der Menschen, die religiös erzogen wurden (unabhängig davon ob sie aktuell nicht mehr oder noch Mitglied der Religionsgemeinschaft sind), diese einmal aufgenommenen religiösen Aussagen (Erlösung versprechende Wahrheiten und Verpflichtungen) nunmehr in Widerspruch zu ihren Lebensrealitäten erleben.

In den letzten zehn Jahren gab es viele Appelle führender Vertreter der Religionen und auch zahlreiche Initiativen zum Dialog zwischen den Religionen mit dem Ziel, sich gegenseitig besser kennen zu lernen, zu respektieren und zu akzeptieren. Es mag überraschen, dass dies bisher kaum zu einem Konsens für eine gemeinsame spirituelle Grundbotschaft und zu einem entsprechenden Aufbruch der Tat geführt hat.

Wir finden eine Grundbotschaft in dem alten biblischen Text (5 Mose 6,4-5; 3. Mose 19,18), die von Jesus als Zusammenfassung einer religiösen Lebensführung bestätigt wird (Mt 22,34-40, Mk. 12,28-31, LK 10,25-28). Es heißt darin: Gott aus ganzem Herzen lieben...und den Nächsten wie sich selbst. Dabei soll es sicher nicht um Gefühle gehen. Was könnte ‚Gott aus ganzem Herzen zu lieben...' bedeuten? Diese Art von ‚Navigationsanleitung' nennt keine konkreten Schritte, aber eine eindeutige und ungeteilte Grundhaltung und sie verspricht, dass wir auf diesem Wege sicher ans Ziel kommen: „Handle danach und du wirst leben" (Mk 10,28).

Aus den Erfahrungen zwischenmenschlicher Liebe wissen wir, dass Liebe Vertrauen und den Wunsch nach Eins-werden beinhaltet. Analog würde ‚Gott zu lieben' bedeuten, durch unser Lebensschicksal und unsere Lebensschritte hindurch vertrauen, unwiderruflich und unabhängig von unseren Leistungen von ‚Gott' angenommen zu sein und dass wir aus dem Vertrauen heraus, dass er so an uns handelt, uns danach sehnen, einig zu werden mit seinen Ordnungsprinzipien der Liebe. Den Mitmenschen gegenüber so zu handeln, wie wir vertrauen, dass ein ‚Gott' an uns handelt, signalisiert uns, dass wir auf diesem Wege (auch ohne ‚Gott' zu kennen) unser Ziel erreichen, wogegen ‚Gott' zu lieben ohne den Mitmenschen nicht als möglich erscheint.

Krise der Religionen?
Können wir eine ‚Krise' (eine sich wesentlich verändernde Situation, Bedeutung und Rolle) der Religionen in der westlichen Welt, gar weltweit, feststellen?
Hinsichtlich der Beteiligung in religiösen Gemeinschaften können wir zwei Hauptrichtungen feststellen:
1. Festhalten an konkreten überlieferten Formen von Glaubenslehren, Geboten, Verboten, Riten, Führungsautoritäten. Diese konkreten äußeren Formen werden verstanden als „göttliche Botschaft und Ordnung und Weg zum Seelenheil". Das bedeutet, dass sie als „das Eigentliche" des Glaubensweges vermittelt werden. Dieses Verständnis widerspricht einer Auffassung, wonach ein wahr-genommener Wille Gottes, eine Botschaft solcher Art von Menschen gestaltet wird und dass sich jede religiöse Gemeinschaft notwendig solche sozialen Strukturen schafft. Wir erkennen eine damit verbundene menschliche Neigung, diese Formen als „das

Eigentliche" des Glaubensweges auszugeben. Gerade sie ermöglichen es, sich gegenüber Anders-gläubigen oder Ungläubigen abzugrenzen.
2. Die alten Religionsstrukturen werden herausgefordert und in Frage gestellt aufgrund neuer Lebensbedingungen und Lebensstile, die geprägt sind von einer riesigen individuell verfügbaren Informationsfülle, wissenschaftlichen Erkenntnissen und großer Meinungsvielfalt. Was Religionssprecher verkünden, kann von den Medien in Informationen und Meinungen wirksam ausgesteuert werden. Unter diesen Einwirkungen verändert sich das Handlungsfeld spiritueller und religiöser Beteiligung.

Die uns heute verfügbaren Informationen zur kosmischen Entwicklung und dem Leben auf unserer Erde bezeugen, dass wir unsere eigene Existenz einer Auslese von anpassungs-fähigeren, lebensfähigeren, stärkeren Lebewesen verdanken. Der Wettbewerb, ja die Konkurrenz zwischen den Menschen hat zu fantastischen technischen Möglichkeiten der Lebensgestaltung geführt. Gleichzeitig ahnen wir Menschen, – ob mit oder ohne spirituelle/religiöse Lebensphilosophie – dass es noch eine andere Ebene der Evolution gibt, auf die es zum Wohlergehen der Menschheit ankommt. Ohne das EGO in uns hätten die Menschen die technischen, kulturellen und auch sozialen Leistungen nicht vollbringen können. Es scheint, dass auf der Ebene dieser Entwicklung jedoch immer offenkundiger wird, wie sehr wir für unser eigenes Wohl und für das Miteinander darauf angewiesen sind, auch auf die Fähigkeit zu hören, „wahrhaft und gut zu sein" (Tolstoi, L.: Anna Karenina).

Wir spüren, dass gegenseitige Akzeptanz zwischen Menschen, Solidarität und Wohlwollen nicht minder wichtige Regeln auf dem Weg dahin sind. Gerhard Brunner hat den Mangel bilanziert: „Das Drama aller Zeiten hat eigentlich nur ein einziges Thema gehabt: die Unfähigkeit der Menschen miteinander zu leben" (Knauber, B.E., 2013: Das Buch der Weisheiten. Die besten Aussprüche der Welt geordnet nach Inhalten). Es scheint aber, dass sich bei immer mehr Menschen in aller Welt die Erkenntnis von der Notwendigkeit und Bereitschaft zu dieser inneren Entwicklung, zu gegenseitiger Akzeptanz und Solidarität durchsetzt.

Als religiös vertrauende Menschen gehen wir auf theoretischer Ebene wie andere auch davon aus, dass wir in der Lage sind zu erkennen und zu akzeptieren, dass solidarisches Miteinander die Menschheit zum Wohlergehen führt. Die praktische Umsetzung scheitert in vielen Fällen angesichts von Schwierigkeiten, Hindernissen und dem Festhalten an persönlich erreichten Vorteilen. Im religiösen Vertrauen erschließt sich eine neue Dimension: Eine Grundlage der Kraft, uns selbst und unsere Mitmenschen anzunehmen, weil und so wie wir vertrauen, nicht ins Leere zu laufen, sondern in dem allumfassenden 'Lebensgrund' des Seins (‚Gott') angenommen und gesichert zu sein. Wir können in diversen religiösen Botschaften diesen inhaltlichen Kern identifizieren. Darin könnten sich die Religionen bei aller Unterschiedlichkeit in formulierten Heilslehren verständigen und so einen kraftvollen Beitrag zur Dynamik zwischenmenschlicher Solidarität leisten.

Anhang
Die im Gespräch geäußerten persönlichen Meinungen gegen ‚Religion, Glauben und Lebenssinn' lassen sich in folgende Punkte zusammenfassen:

1. Das menschliche Miteinander ist von Egoismen beherrscht: Gewinnsucht, Betrug, Gewalt: Glauben/ Vertrauen in einen transzendenten 'Lebensgrund' kann dieses Bestreben nicht verhindern.
   Moderne demokratische Gesellschaften verfügen über ein soziales Regelwerk, das auch ohne Religion funktioniert.

2. Die Religionen haben sich immer wieder selbst an Unrecht und Gewaltaktionen beteiligt; sie haben in ihren Gemeinschaften die religiöse Botschaft nicht gelebt. Sie verkünden eine Moral, die sie selbst nicht leben und sie verkünden sie in arroganter Weise, andere bewertend und verurteilend.

3. Die monotheistischen Religionen können sich immer noch nicht von ihrem Absolutheitsanspruch lösen. Aber eine religiöse oder spirituelle Lebensführung ist auch außerhalb der jeweiligen Religionen möglich.

4 Die (monotheistischen) Religionen belehren; sie verkünden in meist theologischer Sprache eine ‚von oben' vermittelte Botschaft. Sie nehmen die Menschen mit ihren Erfahrungen und ihrem Glauben nicht auf Augenhöhe ernst.

5 Unrecht und das Leiden der Menschen sprechen gegen einen allmächtigen, liebenden Gott.

6 Glauben auf der Grundlage der in der Kindheit erlebten religiösen Prägung verträgt sich nicht mit dem heutigen Blick auf das Leben und die Welt. Glauben wurde nicht als etwas vermittelt, das jeder Mensch selbst erst auf seinem Weg durch das Leben schaffen oder vollziehen soll.

Abschließende persönliche Anmerkungen
Religion sehe ich als ein menschliches, soziales Konstrukt. Ausgangspunkt von Religionen sind Botschaften von Weisheitslehrern, Predigern etc. über unser Leben und den richtigen Weg. Wesentlich dabei ist der Glaube, dass es sich um eine Botschaft ‚von oben', eine Offenbarung oder eine Erleuchtung handelt, die nicht wissenschaftlich beweisbar ist. Von den Gründern der Botschaft selbst oder von den Anhängern werden

dann auf die Botschaft bezogene Lehren, Verhaltensregeln und rituelle Handlungen festgelegt.

Kern der christlichen Botschaft/des christlichen Auftrages ist es m.E., aus der Kraft des eigenen Vertrauens in die uns unendlich und unwiderruflich tragende Liebe ‚Gottes' die Mitmenschen anzunehmen, dieses Zeugnis, Frieden, Vergebung zu leben. Die christlichen Kirchen und auch andere Religionen sind besorgt um ihre Wahrheiten/Heilslehren und ihre Moral, Riten und Führungsautoritäten. Sie verstehen sich darin als von oben beauftragt, sie lehren und unterweisen ‚von oben', ohne die Erfahrungen der Glaubenden mit ihrem Vertrauen auf Augenhöhe ernst zu nehmen.

Zu Beginn des oben erwähnten Gesprächs standen zwei herausfordernde Thesen im Raum. Eine der zwei Thesen betrifft die Funktion der Religionen in modernen demokratischen Gesellschaften. Das ethisch-soziale Regelwerk dieser Gesellschaften komme, so die These, ohne den Beitrag der Religionen aus und vermeide zudem deren fundamentalistische Bestrebungen. Religionen haben ein Regelwerk von Lehren und Verhaltensregeln geschaffen, die sie als ‚das Eigentliche' behandeln. Die spirituelle Grundbotschaft steht daneben als persönliche private Angelegenheit. So verdecken die

Religionen ihre revolutionäre Botschaft mit ihren Regelwerken. Wenn sich die Religionen neu auf ihre Grundbotschaft konzentrieren, werden Menschen darin neu Vertrauen zu sich selbst, den Mitmenschen und die das All umfassende Liebe entdecken, darin Sicherheit in einer Zeit finden, in der sie auf breiter Ebene mit Unsicherheiten konfrontiert sind. In der Grundbotschaft liegt auch der Schlüssel zu einem realen interreligiösen Dialog.

In der zweiten These geht es darum, wie Glauben zustande kommt. Die Kritik richtet sich gegen die selbstbetrügerische Option, im Glaubensakt bereits von der Annahme eines transzendenten Wesens auszugehen, wofür man im Nachhinein Belege suche. Soweit eine solche Annahme auf dem Verstandeswege erfolgt, ist sie nicht allein tragfähig.
wir wissen nicht, wer/wie ‚Gott' ist, wir sind auf dem Weg im Vertrauen in sein Gesetz der Liebe. Glauben hängt zusammen mit der Bereitschaft offen zu sein. Wohlwollen gegenüber Mitmenschen fällt mir nicht einfach zu, es passiert auch nicht vollkommen auf einmal. In der Offenheit und dem Wohlwollen für Mitmenschen erahnen wir die Einheit mit dem Ganzen, dem Leben und der transzendenten Liebe, die alles zusammenhält.

Von religiöser Erziehung zu persönlicher spiritueller Lebenssicht. Blick zurück und auf die Zukunft.

In den nachfolgenden Seiten will ich beschreiben, wie sich meine religiösen Vorstellungen verändert und welcher neue Blick auf das Leben sich mir geöffnet hat. Es sollte keine Abhandlung über ein Thema sein.

### 1	Biografischer Hintergrund

- *Während des zweiten Weltkrieges in einer kinderreichen Familie geboren, als Kind am Kampf um das tägliche Existenznotwendige beteiligt, katholisch erzogen in der Spannung zwischen der Führungsautorität der Kirche einerseits, der von der christlichen Botschaft verkündeten Liebe andererseits.*
- *Studium der Theologie in London und Leuven (Belgien), einerseits angezogen von der christlichen Botschaft, andererseits in Opposition zu kirchlichen Strukturen. Als kath. Priester Gemeindearbeit, Religionsunterricht und kirchliche Jugendarbeit, dann Studium der Soziologie.*

- *Vor rund 35 Jahren Rückzug aus dem priesterlichen Dienst und dem kirchlichen Leben.*

Ich lebte in den Aufbruchserwartungen, die Johannes XXIII. ausgelöst hatte, die in den nachfolgenden Jahren weithin enttäuscht wurden. Ich erlebte mich hineingezwungen in eine vorgeschriebene Form der Lebensführung für Priester (Kleidung, Pfarrhaus, Gottesdiensttätigkeit etc.). Bereits im Vorfeld des Priesterdienstes hatte ich die Absicht, in der „profanen" Erwerbswelt zu leben und meinen Lebensunterhalt außerhalb der kirchlichen Tätigkeit zu verdienen. Die theologische Sprache, das Wahrheitsdenken, moralische Vorschriften und die vom Leben isolierten Gottesdienste erlebte ich hauptsächlich als Beschäftigung der Kirchengemeinschaft mit sich selbst, ohne den Fokus auf der Bedeutung des christlichen Glaubens für das Leben in unserer Zeit.

Es folgten Jahre soziologischer beruflicher Tätigkeit.

Mein Profil in religiösen Fragen entwickelte sich unter dem Einfluss des Sozial- und Gerechtigkeitsverständnisses im Elternhaus. Es prägte die Einstellung zu dem, was als Glaubenswahrheiten und christlichen Pflichten vorgegeben wurde. Im Rahmen der theologischen Ausbildung fand ich wenig Interesse an der Glaubens- und Morallehre (Dogmatik und Moraltheologie); moralische Urteile und Wertungen erschienen mir anmaßend. Mein Interesse galt eher den biblischen Schriften. Ich verstand die Bibeltexte nicht als vom Geist Gottes eingegebene, unfehlbare Botschaften, sondern als Lebensdeutungen von Menschen im

Kontext ihrer Zeit und so interpretiert von einem Volk, das sich erwählt und geführt erlebte.

2 Ein Lebensschlüssel

Die Texte in den Evangelien des Neuen Testamentes mit den Berichten über das Wirken von Jesus vermitteln mir eine Botschaft, die ich in sich extrem stimmig erlebe und der ich vollkommen zustimmen kann. Sie vermitteln mir einen Menschen Jesus, total menschlich und doch vollkommen, eins mit dem 'Lebensgrund'[4], „seinem Vater" und mit den Menschen. Wie auch immer die Berichte über ihn in den Evangelien zustande gekommen sind und wann sie abgefasst wurden, sie reden von einer radikalen, unwiderruflichen Liebe, die unserem Leben zugrunde liegt, die von uns nicht verdient werden kann, die aber die Grundlage dafür ist, dass wir uns selbst gesichert erleben und einander annehmen können.

Die Botschaft von Jesus, so wie sie in seinen Reden, Wundern und Gleichnissen berichtet wird, stellt keine Sammlung von „Wahrheiten" dar, an

---

[4] Der Begriff ‚Lebensgrund' steht im Text, weil der Begriff ‚Gott' zu theologisch und mit traditionellen Vorstellungen behaftet ist. Er soll mehr die uns unbegreifbare, alles umfassende und zusammenhaltende Grundlage unseres Seins ausdrücken

die man glauben muss oder die sich als die richtige gegen andere abgrenzen würden. Auf der Grundlage der Geborgenheit in den transzendenten 'Lebensgrund' lädt sie ein zu einem Weg des Vertrauens in die Zukunft der Menschen.

Je mehr ich versuchte, in diesem Zugang zu denken und zu leben (gesichert im Vertrauen in den 'Lebensgrund' Menschen wohlwollend zu begegnen), umso deutlicher erschien mir dies als das „Eigentliche" eines religiösen/spirituellen Weges, umso mehr erschienen mir Heilslehren, Riten, religiöse Verpflichtungen oder Gebote und Führungsstrukturen der Religionen als soziales und kulturspezifisches Produkt.
Wir formulieren, was wir glauben und tun sollen und wir behaupten, dass (ein) ‚Gott' es so will und wir nur so vor ihm bestehen könnten. Wir glauben sogar, andere Menschen an diesen Ausdrucksformen messen zu können, wer glaubt und wer nicht. Dieses Bestreben – zu verdinglichen – ist dem Menschen eigen. Wir schaffen uns mit Wahrheiten, Riten und Geboten ein religiöses Gebäude. Es führt uns zu getrennten kulturellen (religiösen) Welten und lässt uns den Blick und den Sinn für das Eigentliche verlieren: die Suche nach dem Eins-werden mit dem 'Lebensgrund' und den Mitmenschen.

3   Religion und spirituelle Orientierung

Mir wurde nach und nach bewusst, wie stark die Erziehung in diesem äußeren religiösen Gebäude meine Lebenssicht und meine Wahrheitssuche geprägt hat. Dabei fiel mir auch auf, wie sehr wir Menschen dazu neigen, uns „Gottes zu bedienen" nach unseren Bedürfnissen, Wünschen und Einbildungen. Die religiösen Prägungen durch das Gebäude von Wahrheiten, religiösen Pflichten, Riten und Führungsautoritäten begünstigen kulturelle und soziale Abgrenzungen. So ist es verständlich, dass die Religionen inmitten von Konflikten zwischen Völkern und Volksgruppen über Jahrhunderte bis heute wenig aktiv zum Frieden beigetragen haben.

Dagegen bedeutet der spirituelle Weg des Vertrauens in den ‚Lebensgrund', Gottesvorstellungen als das zu nehmen, was sie sind: unsere menschlichen Entwürfe, die wir auf dem Boden unserer Ängste, Sehnsüchte, Erwartungen und Hoffnungen entwickeln.

Vertrauen in den ‚Lebensgrund' beruht nicht auf unseren Vorstellungen von ‚Gott'. Es erfordert grundsätzliche Offenheit. Je mutiger wir den Vertrauensweg gehen, umso befreiter erleben wir uns von mannigfaltigen Ängsten und vermögen so, Mitmenschen offen, wohlwollend, akzeptierend zu begegnen.

Der innere Weg zu Vertrauen in den ‚Lebensgrund' ist nicht spezifisch für *eine* Religion oder Weltanschauung. Seit einigen Jahren sind im interkulturellen und interreligiösen Rahmen "Dialoginitiativen" in Mode gekommen. Drei Jahre Erfahrungen in diesem Bereich haben mir gezeigt, dass wir uns oft vor dem wirklichen Dialog scheuen:

1. wir haben die Unterschiede in den religiösen Gebäuden von Lehren, Riten, Geboten und Führungsstrukturen im Auge, nicht die Gemeinsamkeiten im Vertrauen in den einen barmherzigen ‚Lebensgrund' und die Konsequenzen daraus
2. wir ziehen es immer wieder vor, ü b e r etwas zu reden, statt uns gegenseitig mitzuteilen, wo wir selbst in der uns gerade gestellten Frage stehen und wie wir damit umgehen.
3. Wir neigen dazu, uns Informationen und Wissen auf einer unverbindlichen Ebene anzueignen; uns nicht in den unterschiedlichen Erwartungen und Interessen zu begegnen
4. Wir neigen dazu, andere überzeugen zu wollen ohne uns füreinander zu öffnen, ohne unsere Unsicherheit und Scheu vor der Mühe zu neuen Wegen zuzugeben.

Wirklich angstfrei gelten lassen können wir das Fremde, Andere nur, wenn wir uns dadurch nicht

in Frage gestellt erfahren, bzw. wenn wir den Mut haben, uns für Erfahrungen und Interessen der anderen Menschen zu öffnen.
Die Erfahrung der Gemeinsamkeit kann aus existentieller Bedrohung herauswachsen und für gemeinsame ethische Verpflichtungen öffnen (Schmidt, Helmut: Religionen in der Verantwortung. Gefährdungen des Friedens im Zeitalter der Globalisierung, Berlin 2011). Erkenntnisse aus gesellschaftlichen Konflikten können schrittweise die Einsicht für die Notwendigkeit eines friedlichen und solidarischen Miteinanders wecken. Auch jenseits religiöser Information erkennen wir grundsätzlich, dass es richtig und gut ist, gerecht und solidarisch zu leben: den Nächsten wie sich selbst zu akzeptieren und anderen nicht anzutun, was wir selbst nicht möchten, dass man uns zufügt. Wir ‚deckeln' oder verdecken allerdings diese Grundfähigkeit (‚das Gewissen') immer wieder, gefangen in Ängsten, Vorurteilen, mit unserer Wissens- und Leistungsarroganz und im Bestreben, unsere Vorteile zu verteidigen.

Im religiösen Rahmen erschließt sich eine spezielle Möglichkeit zu offenem und solidarischem Miteinander auf dem Weg des Vertrauens in den 'Lebensgrund'. Indem wir uns selbst angenommen und gesichert erfahren, werden wir befähigt, unsere Mitmenschen unabhängig von ihren Verdiensten und einem möglichen Nutzen für uns zu akzeptieren. Es geht dabei direkt um eine neue Grundlage unseres Lebens und Handelns. In den Evangelien wird erzählt, wie ein jüdischer Ratsherr zu Jesus kam und meinte: *ich glaube, dass Du von Gott gesandt bist, denn sonst könntest Du nicht diese Wunder vollbringen.* Darauf Jesus: *„Nur wer von oben her geboren wird kann in Gottes neue Welt sehen….was Menschen zur Welt bringen, ist und bleibt menschliche Art"* (Joh 3,3 und 3,6)

Im Vertrauen, selbst gesichert zu sein, unwiderruflich, könnten wir loslassen von unseren vielen versteckten und offenen Ängsten und wir wären frei, den Mitmenschen in Wohlwollen zu begegnen. Am Anfang steht das Vertrauen, dass wir in unendlicher Liebe unwiderruflich angenommen sind, dass wir in ihm sind. Aus dem Vertrauen, gesichert und eins zu sein in dem 'Lebensgrund', kann in uns die Zustimmung und Sehnsucht zu seinem Gesetz der Liebe wachsen. Der Wunsch mit ihm eins zu werden in seiner Liebe zu den Menschen kann zur Grundlage unseres Seins werden, aus dem neues Verhalten und Tun erwächst.

4   Das Lebensgesetz der Selektion und das Gesetz der Liebe

Unser Lebensziel erschöpft sich nicht in biologischer Selbstbehauptung und in der Suche nach eigener Sicherheit. In der materiellen und technischen Entwicklung behaupten sich nach den Gesetzen der Selektion die jeweils Stärkeren. Aber wir Menschen sind auch fähig, das Gesetz von Solidarität und Liebe als Weg zu unserer Erfüllung zu erkennen. Wir können erkennen, dass wir zusammengehören. Was wir sind, sind wir zu einem großen Teil durch Mitmenschen und den gesamten Kontext, in dem wir leben. Unser Wesen und Tun wirkt stets auf die Mitmenschen im Guten, wie im Schlechten. In uns steckt die Fähigkeit, neben dem Gesetz der Selektion auch das Recht des Schwächeren zu akzeptieren. Wir leben in diesem Spannungsverhältnis.

Wir verfügen heute über eine Fülle von Informationen über die kosmische Entwicklung und die Entwicklung des Lebens, die uns nach dem Warum und Wohin fragen lassen. Das Lebensempfinden der Menschen des 20. und 21. Jahrhunderts ist besonders beeinflusst durch naturwissenschaftliche Erkenntnisse. Im Vordergrund steht für uns der Blick auf die Entwicklung des Kosmos, unseres Planeten, des Lebens und damit auch der Veränderungen und ihrer

Ursachen, der Gefahren und Chancen, Bedrohungen und möglichen Alternativen.

Medien überfluten uns mit Informationen und Bildern von politischer und ethnischer Gewalt, von Betrug, Korruption, Armut und Naturkatastrophen. Dagegen bleibt das Engagement von Menschen zu materieller Hilfe, für Chancengleichheit und Frieden vielfach verborgen. Wenn wir das Ausmaß der Leiden durch Gewalt im Laufe der Geschichte wahrhaben, - auch bei den Menschen, die sich zu einem unendlich liebenden, allmächtigen ‚Gott' bekennen – so kann unsere Zuversicht in eine letzte umfassende Geborgenheit in arge Bedrängnis geraten.

5 Ein ‚Gott', dessen Existenz wir nicht beweisen können, menschliches Leid, das mit göttlicher Liebe nicht vereinbar scheint.
Wenn wir uns den 'Lebensgrund', in den wir vertrauen, als ein „persönliches" allmächtiges Wesen denken (in Analogie zu unserem Personsein), so stellt sich die Frage, wie wir die ungleichen menschlichen Lebenschancen und das Leiden unzähliger Menschen mit diesem 'Lebensgrund' in Einklang bringen können. Die gewagte religiöse Annahme ist, dass der allmächtige 'Lebensgrund' unser Dasein mit seiner Liebe umfängt, obwohl doch ein ungeheures Maß

an Leiden durch Naturgeschehen und menschliche Gewalt dagegen spricht. Wir wissen uns aus gläubigem Vertrauen im naturgesetzlichen Geschehen und in den Zufällen der kosmischen Entwicklung in der allmächtigen Liebe geborgen. Alle Bemühungen, die Vernichtung von Leben im kosmischen Entwicklungsgeschehen sowie zwischenmenschliches Unrecht, Gewalt, Leiden und Tod nicht in Widerspruch zu einem allmächtigen liebenden 'Lebensgrund' anzunehmen, müssen letztlich vor der Tür der Vertrauensfrage stehen bleiben. Die Botschaft in den christlichen Evangelien zeigt keinen ‚Gott', der vor dem Leiden bewahrt oder in der Not eingreift. Es bleibt der Aufschrei im Leiden, die Not vor dem schweigenden ‚Gott' (Föste, W. 2011: Angstwurm_Hungerwurm_Ohrwurm), was jedoch letztlich im Vertrauen durchgestanden wird[5]. Wir können angesichts der Leiden den letzten befriedigenden Sinn nicht fassen. Es bleibt uns zu vertrauen.

Wenn wir es im Lichte der Jesus-Botschaft wagen, in einen unendlich liebenden und allmächtigen

---

[5] So könnte man die in den Evangelien berichteten „letzten Worte" Jesu deuten: *„Mein Gott, warum hast Du mich verlassen"* (nur bei Mt und Mk) und darauf *„ Vater, in Deine Hände lege ich mein Leben"* (nur bei Lk 23,46)

'Lebensgrund' als Lebenshypothese zu vertrauen und aus dieser Annahme heraus unser Leben zu deuten, so geht es um einen Weg, eins zu werden mit dem 'Lebensgrund'.
Wir können den ‚Lebensgrund/Gott' nicht ergründen, gleichwohl können wir feststellen, dass in ihn zu vertrauen, naturwissenschaftlichen Erkenntnissen nicht widerspricht und wir können aufzeigen, welchen Sinn es erschließt, in diesem Vertrauen zu leben.

Um neue Erkenntnisse zu gewinnen, geht der wissenschaftliche Weg von Annahmen oder Hypothesen aus, die beweisbar sein müssen. Ihr Zutreffen oder Nicht-Zutreffen gibt Aufschluss über das Erkenntnisziel. Aus der Annahme heraus, im ‚Lebens-grund/Gott' gesichert zu sein, können wir dessen Existenz nicht beweisen, aber die Annahme führt zu einer neuen Lebenserfahrung. Wir neigen nach menschlicher Art dazu, ‚Gott' für uns zu vereinnahmen: er möge uns verzeihen, möge uns vor einem Unheil bewahren, möge uns in schwieriger Situation helfen etc. Radikales Vertrauen, im 'Lebensgrund' gesichert zu sein, erwartet kein göttliches Eingreifen, es vertraut noch im eigenen Untergang gehalten und geborgen zu sein[6]. Dieses Vertrauen hält auch angesichts der kosmischen Entwicklung und der Geschichte der Völker, in der so viel Leben brutal vergewaltigt und vernichtet wurde. Es handelt sich nicht um ein Vertrauen auf Lohn im Jenseits oder einen Ausgleich für erlittenes Leiden. Es geht um ein verwegenes Vertrauen angesichts zerstörender Naturgewalten und einem Unmaß von Gewalt, Betrug und Egoismus zwischen den Menschen.

Auf der einen Seite verfügen wir heute über eine gewaltige Fülle von Informationen durch Ereignisse und Meinungen weltweit in den Medien und durch wissenschaftliche Erkenntnisse über technische Zusammenhänge, über das Entwicklungsgeschehen des Kosmos und unseres Planeten, über den menschlichen genetischen Code und seine neurobiologische Welt. Auf der anderen Seite tragen viele von uns noch religiöse Vorstellungen mit sich herum, die wir kaum mit dem eben genannten modernen Wissen in Einklang bringen können, die wir aber mangels Alternativen auch nicht einfach abstreifen wollen.

---

[6] Es klingt vermessen. Gemeint ist das Maß an Kraft, die im Vertrauen sich erschließen kann. Es sagt nicht, dass jeder Menschen in jeder Situation dazu in der Lage wäre oder sein müsste. Wir können vielmehr bezeugen und verstehen, wenn Menschen in ihrer Not am Leben verzweifeln

(M. Küstenmacher; T. Haberer; W.T. Küstenmacher, 2011/12: Gott 9.0).

Unsere Gedanken über ‚Gott' bzw. den Grund des Seins sind vielfach nach menschlicher Art erschreckend eng und dies noch in einer Zeit, in der wir über Informationen zu gewaltigen kosmischen Dimensionen verfügen: über eine Entwicklung in vielen Milliarden Jahren und über das Leben auf unserem Planeten als einem kaum bedeutenden Punkt inmitten von Milliarden Galaxien[7]. Viele von uns denken noch dualistisch: ‚Gott' und Welt im Gegenüber, ‚Gott' als ein Wesen außerhalb, "über dem Sternenzelt". Dieses meist in der Kindheit erlernte religiöse Wissen bezieht sich noch auf eine Reihe von vorgegebenen Wahrheiten, an die wir glauben sollten und auf religiöse Pflichten und Gebote. Den spirituellen Kern des Religiösen halten wir verdeckt unter diesem uns überlieferten kulturellen und religiösen Gebäude. Wir scheuen uns auch, anderen mitzuteilen, wo wir ganz persönlich bezogen auf die zwei Fragen (Vertrauen in den 'Lebensgrund', Akzeptanz der Mitmenschen) stehen und wie wir damit umgehen. Und doch

---

[7] ein biblischer Text bringt das Erschrecken oder Staunen dazu zum Ausdruck: *„was ist der Mensch, dass du seiner gedenkst, und des Menschen Kind, dass du dich seiner annimmst?"* (Ps 8).

könnte es sein, dass wir Menschen heute inmitten so spürbarer existentieller Unsicherheiten, gerade auf dem spirituellen Wege des Vertrauens eine neue persönliche und gemeinsame Grundlage finden könnten. Wir leben in einer Zeit globaler Probleme (Überbevölkerung und wirtschaftliche Ungleichgewichte, Erderwärmung und mögliche Folgen, nukleare Verstrahlung, Knappheit von Energieressourcen, fundamentalistischer Terror, Seuchengefahren, Gefahr übernationaler Finanzpleiten etc.). Zur möglichen Abwendung der Gefahren oder zu ihrer Bewältigung bieten uns Politik und Wissenschaft eine Vielzahl von Meinungen, aber eben lediglich Meinungen. Eine spirituelle Aktivierung der Gesellschaft könnte neue Kraft zur eigenen Entfaltung und zu solidarischem und friedlichen Miteinander erschließen; eine Rückkehr zu religiös konservativer Glaubenspraxis in Abhängigkeit von Autoritäten aber führt in erstarrte Strukturen.

6   Das Tun entspringt dem „Sein".
Unser gegenständliches Denken verleitet uns dazu, dass wir uns mit unserem "gutem Benehmen" und unseren guten Taten vor ‚Gott' rechtfertigen wollen. ‚Gott' verlange von uns ein Glaubensbekenntnis und als habe er uns konkret dies und das geboten und verboten.

Es geht aber nicht um die Erfüllung religiöser Pflichten und um gute Werke, sondern um ein Leben, das sich aus einem veränderten Sein ergibt. Den ‚Himmel' oder ‚Gott' können wir nicht verdienen.

Die Kraft zu Solidarität kommt nicht aus dem Gesetz, sondern aus dem gelebten Vertrauen, selbst gesichert zu sein und der Entscheidung, sich diesem Weg des Eins-werdens anzuvertrauen. Es geht um unser Sein, aus dem unser Tun entspringt. An ihren Früchten, sagt Jesus, werdet ihr die ehrlichen Propheten erkennen (Mt 7,15-23). Sehr deutlich macht dies sein Bild vom Weinstock und den Reben: *„Ich bin der Weinstock, und ihr seid die Reben. Wer mit mir verbunden bleibt, so wie ich mit ihm, bringt reiche Frucht. Denn ohne mich könnt ihr nichts ausrichten. Wer nicht mit mir vereint bleibt, wird wie eine abgeschnittene Rebe fortgeworfen und vertrocknet"* (Jo 14,5-6). Echtes, radikales Vertrauen in den 'Lebensgrund' bedeutet zu entdecken und zu erfahren, gesichert zu sein und damit vielfältige Ängste und Begierden loslassen zu können.

Dieses Vertrauen ereignet sich für uns nicht einmalig vollkommen, es will durch den Alltag und die Lebensereignisse hindurch vollzogen werden. Es will in der persönlichen oder gemeinschaftlichen Notlage, aber auch im eigenen Wohlergehen durch mitmenschliche Solidarität vollzogen werden. Hier ereignet sich der "Gottesbeweis", den jeder Mensch durch sein Leben vollziehen kann.

Spirituell zu leben bedeutet, diesen Weg des Eins-werdens mit dem Gesetz der Liebe und damit mit den Mitmenschen zu beschreiten[8].
Die Religionen befassen sich bedauerlicherweise nicht vorrangig mit diesen gemeinsamen spirituellen Grundlagen. Um spirituell zu leben muss man kein Theologe, kein Mystiker oder Sufi sein. Jede/r ungelernte Menschen ist in der Lage, dieses zweifache Ziel des Eins-werdens nachzuvollziehen. Religionen müssten diesen spirituellen Kern als das gemeinsame Ziel und das „Eigentliche" ihrer Botschaft betrachten.
Grundlage spirituellen Lebens ist ein wahrhaftiges Offen – sein, ein aktives Suchen, grundsätzliches Wohlwollen gegenüber den Mitmenschen. Eine aktive bejahende, wohlwollende Einstellung anderen Menschen gegenüber hilft auch über eigene Unsicherheiten und Scheu in der

---

[8] Das „Vater unser" (Mt 6, 9-15) drückt die Sehnsucht nach dem Eins-werden von Himmel und Erde und mit den Mitmenschen aus

Begegnung hinweg. Die entschieden bejahende Einstellung zu den Mitmenschen erweist sich als der wichtige Kompass auf der Suche nach dem 'Lebensgrund'. Wohlwollen gegenüber Mitmenschen setzt auch voraus, dass man sich selbst annehmen kann mit den eigenen Werten und auch den Schwächen. Aus der Akzeptanz und dem Wohlwollen für die Mitmenschen ergibt sich auch, eigene Positionen in Meinungen und Interessen nicht absolut zu setzen.

7   Die Fähigkeit zur Liebe in allen Menschen
In den ‚Lebensgrund/Gott' zu vertrauen beinhaltet in der Verbindung mit seinem Wirken, seiner Liebe, die das All zusammenhält, zu leben wagen. Wir verbinden uns mit allen Menschen, die real ihre Mitmenschen gleichberechtigt bejahen wollen und zur Solidarität und zum Teilen bereit sind. Nicht ein religiöses Bekenntnis entscheidet über die grundlegende menschliche Einheit und ihre Zukunft, sondern die Bereitschaft zur Mitmenschlichkeit, von der wir in christlichem Verständnis bezeugen, dass sie in ‚Gottes' Sein und Wirken begründet ist. Wir glauben, dass sein Geist in allen Menschen aller Orte und Zeiten wirkt. Mit unseren intellektuellen und kulturellen Fähigkeiten können wir unsere biologischen Anlagen zu schrecklich egoistischen und zerstörerischen

Handlungen nutzen. Aber sie befähigen uns auch zu Solidarität, Mitgefühl und Liebe. In ‚Gott' zu vertrauen beinhaltet, auf die Fähigkeit und Bereitschaft zum Guten in den Menschen zu vertrauen, bzw. in das Wirken ‚Gottes' in allen Menschen unabhängig von Weltanschauungs- und Religionszugehörigkeit. Auf dem Hintergrund der erreichten Wohlfahrt und der wachsenden Globalisierung entdecken wir, dass wir in technischen und kulturellen Leistungen unserer spirituellen Entwicklung vorausgeeilt sind. Wir ahnen, dass wir nur bestehen werden, wenn wir in Gerechtigkeit und Frieden einander annehmen. In christlichem Vertrauen setzen wir darauf, dass ‚Gott' uns Menschen zuerst geliebt hat, ins Leben gerufen und unwiderruflich angenommen hat, uns heilen und vollenden will. Wir bezeugen, dass wir beauftragt sind, einander anzunehmen, wie er uns angenommen hat, einander die Schuld zu erlassen, wie er sie uns erlässt.

8 Zentrale Herausforderungen der christlichen Botschaft

Als Herzstück der Botschaft von Jesus wird verschiedentlich seine Bergpredigt und davon wiederum seine „Seligpreisungen" bezeichnet: *Freuen dürfen sich die, die alles von Gott erwarten……die unter dieser heillosen Welt leiden….die auf Gewalt verzichten…..die hungern und dürsten nach Gerechtigkeit……etc.* (Mt 5,2-12). Von Christen wie Nicht-Christen wird die Bergpredigt überwiegend als soziales Programm begrüßt. Dabei übergehen wir m.E. zu leicht die dahinter stehende Botschaft von der Kraft aus dem Vertrauen in den ‚Lebensgrund'. Wir können sie als Einladung zur Gemeinsamkeit mit dem Gesetz der Liebe ‚Gottes' verstehen, das dem Sein zugrundeliegt, - nicht nur als moralisches/ ethisches Programm. Das Tun geschieht vielmehr auf einer neuen Grundlage unseres Lebens.

Ganz zentral in rituellen, gottesdienstlichen Feiern christlicher Gemeinden ist die Abendmahls- oder Eucharistiefeier. Sie ist der zentrale Ausdruck ihres Bekenntnisses: Zusicherung, dass wir von ‚Gott' unwiderruflich angenommen sind. Sie knüpft an das Gedenken des Paschamahls als der Feier der Befreiung Israels aus der Knechtschaft und sie drückt die Befreiung aus unseren Egos in der Liebe ‚Gottes' aus. Dabei sind die christlichen Konfessionen in diesem zentralen Gedenken uneinig: Wie verstehen sie, dass Jesus im gedenkenden Mahl gegenwärtig sei; wer darf daran teilnehmen, wer nicht und warum; was beinhaltet die Begegnung? Würde es dabei zentral um Vertrauen in ‚Gottes' Liebe zu uns gehen und um unsere Bereitschaft aus der Kraft des Vertrauens den Weg Jesu mitzugehen, im Sinne seines Auftrags „Dies ist mein Gebot: Ihr sollt einander lieben, wie ich euch geliebt habe" (Jo 15,12): Ein solches Verständnis würde theologische und bewertende Dispute um die Gegenwart Jesu und die Teilnahme am Mahl beiseiteschieben.

Tod und Auferstehung Jesu sollen uns zum Vertrauen führen, dass die Liebe ‚Gottes' dem kosmischen Geschehen zugrunde liegt, dass sich jenseits der Gesetze der materiellen kosmischen Entwicklung die persönliche Erfüllung und mitmenschliches Glück und Frieden auf dem Wege der Liebe, des gegenseitigen Wohlwollens, Akzeptierens und der Solidarität ereignen. Vertrauen in diese Liebe weckt die Sehnsucht, mit seinen Gesetzen eins zu werden und es gibt Kraft, sich selbst anzunehmen und großzügig gegenüber den Mitmenschen zu sein.

So gesehen lädt die Eucharistie jeden Menschen ein, der sich diesem Vertrauen anzuschließen wagt; der in der Kraft daraus sich selbst und die Mitmenschen anzunehmen bereit sein will. Wie kann es sein, dass diese Feier vielfach zur Veranstaltung einer „geschlossenen" Gesellschaft geworden ist, an der nur die ‚am Tisch teilnehmen' dürfen, die ‚frei von schwerer Sünde' sind und die an eine echte Verwandlung von Brot und Wein durch die Machtworte des Priesters glauben?

9 Ängste und Egos

Unser Weg des Vertrauens in einen unendlich liebenden und mächtigen ''Lebensgrund'/Gott' wird herausgefordert durch unsere eigenen menschlichen Anlagen, unser Ego: Macht-, Besitz-, Vorteils-, Wertschätzungs- und Abgrenzungsbedürfnisse etc.. Wir klammern uns an unser Ego, zurückgezogen auf das Materielle, an äußere Werte, Sicherheiten, Anerkennung, Einfluss. Mit unseren kulturellen Fähigkeiten vermögen wir Ressourcen für unsere Ego-Interessen zu nutzen und der Natur und den Mitmenschen schreckliches Leid zuzufügen. Wir können mit diesen Fähigkeiten und Kräften aber auch erkennen, wie es richtig und gut ist, sich gegenüber der Natur und den Mitmenschen zu verhalten.

Unser Vertrauen in das Gute in den Menschen und auch in eine unendliche uns annehmende Güte (Gottes) gleicht einem Glühwürmchen in der Nacht der tausend Ängste der Menschen.

Christlicher Glaube sieht in Jesus den Menschen, der den Quellen der Ängste begegnet ist, aus denen heraus wir uns zu rechtfertigen und abzusichern versuchen. Wir glauben gerne, in Ordnung und im Recht zu sein, wenn wir weltliche Regeln und religiöse Gebote beachten. Jesu Verhalten wurde als Angriff auf die herrschende religiöse und politische Ordnung verstanden und so hieß es „Hinweg mit ihm". Er lebte und lehrte

Vertrauen in die unwiderrufliche und unbegrenzte Liebe des Vaters der Menschheit als neuer Grundlage für das Leben, Grundlage, uns selbst anzunehmen und sicher und frei zu wissen trotz äußerer Bedrängnis.

Der Blick auf das Weltall in seinen gigantischen Dimensionen, die Geheimnisse des pflanzlichen, tierischen und menschlichen Lebens, die Mikrostruktur der Elemente lassen uns entweder dem biblischen Ausruf zustimmen *„Was ist der Mensch, dass Du seiner gedenkst und des Menschen Kind, dass Du seiner Dich annimmst"* *(Psalm 8; s. auch 144)*. Oder es kratzt zumindest an unserer menschlichen Arroganz. Ein Blick zurück in die Geschichte des Lebens aus Milliarden Jahren führt uns in sprachloses Staunen. Wir können dabei aber nicht überhören, wie oft vorhandenes Leben in gewaltigen Katastrophen ausgelöscht wurde. Auch bewerten wir heute auf dem Hintergrund kultureller Entwicklung die kriegerischen Blutspuren zwischen Völkern anders als früher. Anders als früher können wir im Blick auf die Zukunft Möglichkeiten umfassender natürlicher Katastrophen und zwischenmenschlicher Vernichtung nicht ausblenden. Wie können wir dennoch in eine letzte, alle Menschen umfassende unendliche Liebe vertrauen, auch wenn ‚Gott' ‚schweigt' und nicht eingreift, wenn Not ist? Oder sind wir buchstabengläubig der

Meinung, die Menschen seien durch eigene Schuld aus dem Paradies vertrieben worden? Wir könnten nicht verstehen, dass ein allmächtiger, liebender ‚Gott' einen sündigen, gewalttätigen Menschen entstehen ließ? Wir könnten auch nicht verstehen, wie es neben dem unendlichen Wesen ein Gegenüber (Welt, Mensch) geben sollte, wo doch der Unendliche Alles in Allem ist.

10 Religionskonformer und/oder gelebter Glaube

Bonner/Weiss (Bonner St.; Weiss, A.: Heilige Scheisse, 2011) kommen nach ihrer Kritik der christlichen Glaubenswelt zu dem Fazit: *Man brauche nicht Kirche, nicht Religion und auch nicht Glauben, um moralisch und ethisch richtig handeln zu können (S. 241).* .Die Autoren sprechen offensichtlich von "Glauben" einerseits nur als kirchlichem Ausdruck (Glauben an Wahrheiten, Befolgen von Geboten, Teilnahme an Gottesdiensten/Sakramenten, formale Mitgliedschaft) und von persönlichem Glauben nur in Form eines "Götzenglaubens": ein ‚Gott', der auf Bitten der Menschen eingreift, mit dem Jenseits tröstet und belohnt etc..

Sie sprechen nicht von „Glauben" (Vertrauen) als aktives Suchen nach den Gesetzen der menschlichen Entfaltung und des menschlichen Wohls, als einem gewagten Vertrauen in den

'Lebensgrund' dieses Kosmos? Sie sprechen nicht vom Wagnis, diesen Weg des Vertrauens zu gehen, vom großen Spannungsverhältnis gegenüber einem „schweigenden" 'Lebensgrund' (‚Gott') einerseits und von der Kraft des Vertrauens in die bedingungslose göttliche Liebe und der Kraft zu mitmenschlicher Solidarität und zum Aushalten eigener Ängste und Leiden.

Die Autoren meinen, dass wir Menschen unsere Zusammengehörigkeit wahrnehmen und akzeptieren können, ohne dass wir dahinter einen ‚Lebensgrund' suchen oder erwarten. Sie hinterfragen nicht die Möglichkeit, dass diese Fähigkeit und der Impuls zur Mitmenschlichkeit im Wirken des einen kosmischen Geistes grundgelegt sein könnten.

Die Autoren erwähnen nicht, dass Jesus auf vielfache Weise diesen Unterschied zwischen ‚äußerer Frömmigkeit' und gelebtem Glauben schockierend klar gemacht hat. Demnach sind Menschen ohne Religionszugehörigkeit fähig, Mitmenschen zu lieben (zusammenfassend Mt 25,31-46). Es kommt nur darauf an, auf die Stimme in uns bzw. auf den Hilferuf des Mitmenschen zu hören. Dann folgen wir seinem Gesetz und Willen, auch wenn wir ihn selbst nicht kennen (können).

11 Veränderte Lebenserfahrungen

Naturwissenschaftliche Erkenntnisse, eine global zugängliche Informationsfülle auf technischer, wirtschaftlicher und kultureller Ebene, und global vernetzte wirtschaftliche, politische und soziale Entwicklungen sind nicht ohne Einfluss darauf, was uns überlieferte Heilslehren, religiös-moralische Richtlinien und Leitungsautoritäten für die persönliche Lebensführung bedeuten.

Unter diesen Lebensbedingungen und Einflüssen werden die Menschen verstärkt zur Auffassung kommen, dass die kosmische Entwicklung aus sich heraus geschieht, wie sie geschieht, ohne dass wir das Warum und Wozu erkennen. Traditionelle Gottesvorstellungen überzeugen in diesem Kontext nicht mehr. Für viele Menschen erklärt sich das Naturgeschehen in sich selbst. Es ist da. Ein „Schöpfer-Gott" und ein uns begleitender und heilender allmächtiger, liebender ‚Gott' erscheint vielen nur in subjektiv erlebten Abhängigkeiten begründet.

Als glaubende aber naturwissenschaftlich denkende Menschen können wir uns das, was wir ehedem und immer noch ‚Gott' nannten und nennen, nicht mehr als ein Wesen „über den Wolken", bzw. außerhalb des Kosmos oder uns gegenüber vorstellen; Wir würden ihn eher als ‚Lebensgrund' bezeichnen, als das „Sein" hinter unserem Sein; als die „Seele unserer Seele", wie es der Mystiker H. Le Saux (Henri Le Saux, 2005: Innere Erfahrung und Offenbarung) formuliert.

Mehr und mehr werden Menschen wahrnehmen, wie klein ein ‚Gott' in den Religionen und Konfessionen gebastelt wurde und immer noch wird. Man schreibt Ihm zu, Wahrheiten formuliert (geoffenbart) zu haben, Gebote und Verbote, die wir jedoch aus unseren Vorstellungen heraus formuliert haben. Es könnte sein, dass sich aktive und rezeptive fundamentalistische Positionen in verschiedenen Religionen weiter verhärten werden. Sie geben vor zu wissen, was zu glauben ist und was im Einzelnen ein ‚Gott' geboten und verboten hat. Sie fühlen sich als Stellvertreter, Wächter und Vollstrecker ‚Gottes' auf Erden.

Neben diesen ausdrücklich religiös fundamentalen Positionen wird es weiterhin und möglicherweise vermehrt Menschen geben, die noch eine Verbindung zu den Religionen behalten, in die sie hineingeboren wurden, die sich aber wenig eigenständig mit einer spirituellen oder religiösen Lebenshaltung auseinandersetzen.

Doch werden wir alle durch die genannten globalen Entwicklungen dazu gedrängt, ein gleiches Lebensrecht aller Menschen zu akzeptieren. Es wird uns auf religiöser Ebene dazu anregen, zu akzeptieren, dass nur ein und derselbe

‚Lebensgrund' aller Menschen unser Ausgangspunkt und unsere Vollendung ist. Religiöser Glaube wird zunehmend menschlicher definiert oder wahrgenommen werden, indem wir erkennen, dass die Solidarität mit den Mitmenschen zum Weg wird, auf dem wir zu uns selbst finden und auf dem wir eins werden miteinander und so mit dem 'Lebensgrund'.

Naturwissenschaftlich informierte Menschen stellen sich heute die Frage des Lebens über den individuellen Tod hinaus unter veränderten Bedingungen vor: Die entwicklungsbezogene Betrachtung des kosmischen Ganzen und des Lebens auf unserem Planeten, das neue Wissen um stattgefundene Zerstörung von Leben in kosmischen Katastrophen und ebensolcher Möglichkeiten in der Zukunft, die bedrückenden Erfahrungen der durch die Macht von Menschen verursachten Leiden, die Erkenntnisse zu Zusammenhängen von Materie, Leben, Energie und Bewusstsein, medizinische Befunde zum Zusammenhang von Bewusstsein und unseren neurologischen Grundlagen etc.. Auf dem Hintergrund dieser Erfahrungen und Erkenntnisse geraten nicht nur unsere erlernten Vorstellungen vom Wirken ‚Gottes' in Schwierigkeiten. Sie berühren auch unsere Vorstellungen über das, was nach unserem Tod ansteht. Auferstehung bzw. ein

Leben nach dem Tod können wir uns immer weniger in traditionellen Bildern einer leiblichen Auferstehung, doch eher auf dem Wege des Einswerdens im ‚Lebensgrund', der uns in Liebe unwiderruflich erwählt hat, vorstellen.

Diese Erfahrungen und Erkenntnisse lenken unsere Aufmerksamkeit auf unser inneres Wesen: uns selbst zu finden und zu bejahen, was wir als richtig erkennen sowie die Mitmenschen zu akzeptieren und ihnen wohl zu wollen. Diese Wahrnehmung zielt auf unser ‚Sein' und sieht in den äußeren Taten lediglich die Früchte unseres Wesens.

Zwar sehen viele Menschen in einem ‚gerechten Ausgleich' für Verdienste und Verfehlungen/Schuld durch eine letzte Instanz die unentbehrliche Grundlage für eine gute Lebensführung. Aber wir nehmen auch wahr, dass ein simples Lohn-Strafe Verständnis für unsere menschlichen Handlungen nicht als Begründung für ein Leben nach dem Tod taugt, wie es noch in Religionen vertreten wird.

Es öffnet sich uns eine neue Sicht, wenn wir im „Eins-sein" das Ziel sehen, das wir erreichen oder verfehlen können. Wenn es um das „Eins-Werden" von „Himmel und Erde" geht, das eins-werden mit dem, was wir selbst sein sollen und mit unseren Mitmenschen, dann stehen nicht Verdienste und Strafe für unsere Taten im Vordergrund, sie erscheinen vielmehr als die Folgen unseres Seins oder Nicht-Seins.

Aus dieser Sicht erscheint ein Leben nach dem individuellen physischen Tod als Übergang in das Eins-sein. Das christliche Gebet des „Vater-Unser" artikuliert die Sehnsucht, das ‚Gottes Reich' komme, dass wir eins werden mit Seinem Gesetz, Seinem Willen, eins zwischen ‚Himmel und Erde' und im Miteinander (Mt 6,9-15; Lk 11,2-4).

Eine Neujustierung unserer Kompassnadel auf den angesprochenen inneren Ausgangspunkt des ‚Eins-werdens' wird für unser Lebensgefühl und unsere Lebensorientierung von großer Bedeutung sein.

Anmerkungen

So vieles ändert sich: die technischen Möglichkeiten, das Bildungsniveau, berufliche Anforderungen und Beschäftigungsmöglichkeiten, die Altersstruktur der Bevölkerung und das Sozialgefüge etc. Wie könnte es anders sein? – auch unser Blick auf das Leben ändert sich, unsere Erfahrungen von Lebensinn und Lebenswert, die Bedeutung der religiösen Erziehung für unsere Zeit und der Zugang zu einer persönlichen spirituellen Lebensorientierung.
Seit 1945 hat sich im religiösen Bereich in Deutschland und auch anderswo viel verändert. Als jemand, der seit Ende des zweiten Weltkrieges diese Veränderungen persönlich und fachlich miterlebt und mit reflektiert hat, möchte ich in den vorliegenden drei Beiträgen Überlegungen dazu anzustellen. Dabei geht es vor allem um die Frage, was Menschen, die sich aus den Religionsgemeinschaften zurückgezogen haben, die christlichen Botschaft für ihr Leben bedeuten kann.
Alois Weidacher

(info@.orientierung.org)